UN ESSAI

DE

COMMUNE AUTONOME

ET

UN PROCÈS DE LÈSE-NATION

PAR

Paul MONTARLOT

ISSY-L'ÉVÊQUE

1789-1794

AUTUN
IMPRIMERIE ET LIBRAIRIE DEJUSSIEU
1898

UN ESSAI

DE

COMMUNE AUTONOME

ET

UN PROCÈS DE LÈSE-NATION

UN ESSAI
DE
COMMUNE AUTONOME
ET
UN PROCÈS DE LÈSE-NATION

PAR

Paul MONTARLOT

ISSY-L'ÉVÊQUE
1789-1794

AUTUN
IMPRIMERIE ET LIBRAIRIE DEJUSSIEU
1898

UN ESSAI
DE
COMMUNE AUTONOME
ET
UN PROCÈS DE LÈSE-NATION
1789-1794

PREMIÈRE PARTIE

CHAPITRE Ier

Essai de commune autonome.

I

On a souvent comparé l'ancien régime à un vieil édifice dont la ruine était imminente à l'heure où s'ouvrirent les États généraux. Si banale qu'elle soit devenue, l'image donne une idée fort juste de l'entreprise qu'assumèrent les Constituants de 1789. Deux partis s'offraient à leur choix : ou reprendre les assises en sous-œuvre, boucher les crevasses, redresser les murs chancelants et conduire le travail avec de tels ménagements que la vie normale des habitants n'en fût pas sensiblement troublée; ou, sans essayer une minutieuse restauration, jeter tout par terre, déblayer le terrain et rebâtir sur un plan différent. Ce dernier parti l'emporta. Toutes les institutions du pays tombèrent à la fois sous les coups des démolisseurs, et leurs débris s'entassèrent pêle-mêle à côté des matériaux qui devaient servir à la construction du nouvel édifice.

Ces matériaux avaient peu de consistance. C'étaient des principes abstraits, des déductions d'une apparente logique, des conceptions purement métaphysiques qui ne procédaient en aucune façon de l'expérience du passé. On se proposait de construire avec de tels éléments, sans souci des leçons de l'histoire et des traditions nationales. Mirabeau lui-même, adversaire passionné de l'ancien régime, condamnait cette folle prétention. « Nous ne sommes pas, déclarait-il au début de la Constituante, nous ne sommes pas des sauvages arrivés nus des bords de l'Orénoque pour former une société. Nous sommes une nation vieille; nous avons un gouvernement préexistant, un roi préexistant, des préjugés préexistants. Il faut, autant qu'il est possible, assortir toutes ces choses à la révolution et sauver la soudaineté du passage. »[1]

C'était très sage; mais l'opinion publique ne

---

[1]. Séance du 18 septembre 1789.

s'accommodait pas des transitions. On était imbu des théories que les philosophes et les économistes propageaient depuis un demi-siècle, et, comme on les croyait rigoureusement justes, on en voulait l'immédiate application. Il semblait qu'une constitution décorée d'un préambule, divisée méthodiquement en titres et en chapitres, suffirait à créer de toutes pièces une société qui ne connaîtrait plus d'abus et où le règne de la vertu serait à jamais assuré. Les événements ont singulièrement démenti les espérances d'alors, et notre scepticisme politique s'amuserait aujourd'hui de ces illusions sentimentales, si elles n'avaient abouti aux plus tragiques réalités.

Il se trouva çà et là quelques réformateurs impatients qui ne firent même pas crédit à l'Assemblée nationale des délais strictement nécessaires. Le bailliage d'Autun en offrit un curieux exemple. Un jour, à l'improviste, le bourg d'Issy-l'Évêque [1] s'érigea en État indépendant, et, par un phénomène assez rare, ce fut le curé de l'endroit qui prit l'initiative du mouvement.

La notice suivante, extraite de la *Description du duché de Bourgogne*, par Courtépée [2], établit ce qu'était cette paroisse dans les années qui précédèrent la Révolution :

Issium, Issiacum, Isciacus, Castrum Issyense, Castrum de Issiaca, Castellania de Issiaco; paroisse,

---
1. Chef-lieu de canton, arrondissement d'Autun (Saône-et-Loire).
2. Réimpression de 1847, t. II, p. 574.

vocable de saint Jacques, à la collation de l'évêque d'Autun, baron du lieu, archiprêtré de Bourbon. Ancien château dont il ne reste plus que trois tours avec une vaste enceinte de fossés. Les villages voisins y avaient droit de retrait. Cette terre a été unie à l'évêché au neuvième ou dixième siècle. Il y avait autrefois un monastère de Bénédictines ; leur église est celle de la paroisse, belle, voûtée, à deux collatéraux. Quatre anciennes cloches.

170 feux, 1,000 communiants avec les dépendances. [1]

Perrigny, 12 feux, fief et château de M. d'Esguilly. [2]

Les Planches, fief et château à M. de Tourni.

Noire-Terre avec moulin, fief à Mme Frapet.

Seyrandey, fief avec château et chapelle, 4 feux, a donné le nom à d'anciens seigneurs. On voit au quinzième siècle Guillaume de Sérandé, dont la fille épousa J. de Novailles en 1502 ; Claude Berger, en 1516 ; François de Siri 1658 ; Jeanne de Siri a vendu à Pierre Moller... fief reconnu par les évêques en 1500.

Jorse ou Val-Jourse, fief et château à MM. Alexandre.

Chanceri, *Campus Cereris*, fief et château à M. du Jeu, 6 feux, un moulin. Guy de Chanceri fait hommage à l'évêque Hugues de sa maison forte en 1288... Jean de Chanceri, chevalier, 1301 ; Pierre de Luzy, en 1393 ; ses descendants jusqu'en 1477 ; Guy de Salins, conseiller au Parlement, 1499 ; Louise de Salins le porta en dot à Alexandre Dupuy-Monbrun, en 1651 ; François du Crest, lieutenant de vaisseau, seigneur en 1703 ; de Pierre du

---

1. La population, selon le cahier des doléances, était, en 1789, « de plus de quinze cents habitants. »

2. Jean-Baptiste de Mac Mahon, né à Limerick le 23 juin 1715, mort à Spa le 15 octobre 1775, devenu par son mariage en 1750 avec Charlotte Le Belin, veuve et héritière de Jean-Baptiste-Lazare de Morey, marquis d'Eguilly, seigneur de Viauges, Sully, Chazeu, Perrigny et autres lieux. Il eut deux fils, dont l'un, né à Autun le 13 octobre 1754, fut le père du maréchal duc de Magenta.

Crest, il passa par retrait lignager à sa sœur Marie-Magdeleine, femme de Jacques de Sercey du Jeu, en 1753.

Chassigneux, fief qu'on croit avoir donné le nom à l'illustre président de Chasseneux, né en ce lieu.

La Montagne, hameau de 4 domaines à M. de Jarsaillon.

En tout 77 domaines, dont 7 en Nivernais.

Les habitants de cette grosse paroisse de 10 lieues de tour, taillables à volonté, furent affranchis par Nicolas de Toulon en 1391. Un arrêt du Parlement, au seizième siècle, les avait condamnés à voiturer par corvée, pour l'évêque, les vins de Saint-Denis-de-Vaux en Chalonnais, à 14 lieues d'Issy ; mais, depuis plusieurs années, ils ne sont plus sujets à ce droit onéreux.

Filature de coton établie en 1768 par M. Verdolin, curé alors, depuis théologal d'Autun et maintenant secrétaire de M. de Marbeuf. Le bureau de charité qui distribue tous les dimanches plus de 200 l. de pain à 40 pauvres, est dû au zèle du même pasteur. Le seigneur, le curé et les notables contribuent par mois une certaine quantité de blé ; par ce moyen les pauvres ont peu souffert de la disette de 1771. Des quatre foires établies par lettres du duc en 1473, aucune ne subsiste. Commerce en bétail, seigle. Pays montueux, inégal. 5 moulins dans la paroisse et 7 étangs... : à 9 lieues d'Autun, 2 de Luzy, 4 de Bourbon.

Le curé en exercice au moment où commença la Révolution était l'abbé Jean-François Carion. Né le 14 mai 1754, à Autun, de Jean-Baptiste Carion, bourgeois de cette ville, et de Jeanne Missolier [1], il avait été nommé, en juin 1778, dès

---

1. Extrait des registres de la paroisse Saint-Pierre de Saint-Andoche : « Le seize may 1754, a été baptisé dans l'église de Saint-Pierre de Saint-Andoche, de la ville d'Autun, Jean-François, né du 14 du même mois, fils légitime de M. Jean-Baptiste Carion, bourgeois, et de Jeanne Missolier, son épouse. A été parrain M. François Gillot

sa sortie du séminaire, vicaire à Issy-l'Évêque. Le curé dont il devenait l'auxiliaire était son oncle. Précédemment curé de Sully, l'abbé Jacques Missolier avait permuté l'année précédente avec l'abbé Chassagne, curé d'Issy-l'Évêque. Quand il appela son neveu près de lui, c'était avec la pensée de lui transmettre son bénéfice. Il ne le lui fit pas longtemps attendre, et, dès la fin de 1780, il se démit en sa faveur.

L'abbé Carion prit possession de la cure le 1ᵉʳ janvier 1781. Pendant huit ans, il s'acquitta correctement de son ministère. La Révolution lui tourna la tête ; mais, avant même qu'elle ne se déchaînât, les misères dont ce prêtre était témoin lui faisaient désirer des réformes. La vie rurale était difficile à Issy-l'Évêque. Les montagnes aux croupes allongées qui entourent le bourg opposaient l'âpreté de leur sol granitique aux efforts d'une culture qui ne s'était pas encore affranchie de la routine. Le paysage lui-même, avec ses mornes ondulations, ses pentes grisâtres, ses grands espaces nus, respirait la tristesse et la pauvreté. Le jeune curé se prit de sympathie pour les métayers, acharnés à un labeur ingrat et victimes parfois de certains abus. Il rêva d'améliorer leur sort en modifiant à leur avantage

bourgeois de Cordesse ; la marraine, demoiselle Jeanne Carion, sœur de l'enfant, qui se sont soussignés avec le père de l'enfant. Signé : Carion, Jeanne Carion, Gillot, Belin Gillot, Valletat, prêtre desservant de Saint-Pierre-Saint-Andoche. »

les relations que le contrat et l'usage établissaient entre eux et les propriétaires ou fermiers. Déjà, il s'exprimait publiquement sur ce point, et c'est ainsi qu'au jour où l'occasion de jouer un rôle politique se présenta pour lui, il se trouva avoir immédiatement une nombreuse clientèle, dont la collaboration dévouée lui permit d'instituer tout un gouvernement.

Les élections aux États généraux de 1789 servirent de prélude à ses entreprises. A une date qui se place, selon toute vraisemblance, entre les ordonnances de convocation et la tenue des assemblées primaires, Carion adressa une lettre au roi pour appeler sa bienveillante attention sur la situation des métayers.[1]

Sire, disait-il en débutant, les Curés de votre Royaume ne peuvent mieux répondre à la confiance dont Votre Majesté daigne les honorer qu'en prenant la défense des pauvres habitants Cultivateurs des Campagnes. De jour en jour la condition des Laboureurs devient plus dure : étant presque tous réduits à cultiver les fonds qui ne leur appartiennent plus, on leur impose des conditions injustes, qu'ils sont néanmoins forcés d'accepter par la grande misère à laquelle ils sont réduits.

Autrefois le laboureur pour autrui avoit au moins à sa part la moitié de tous les fruits qu'il cultivoit et la moitié du produit des bestiaux qu'il nourrissoit; cette convention est celle que l'on appelle de Métayer, c'est-à-dire de cultivateur à moitié fruit des terres et à moitié croît et décroît des bestiaux.

---

1. Pièce in-8° de 8 pages. A Autun, de l'imprimerie de P.-Ph. Dejussieu, 1789.

Aujourd'hui les propriétaires ou fermiers des fonds stipulent avec le métayer qu'il leur rendra tous les ans, outre la moitié de tous les fruits des terres et la moitié du produit des bestiaux, une somme de cent livres ou de deux cents livres, plus ou moins, selon la volonté du maître, propriétaire ou fermier, qui fait la loi à son gré.

Si Votre Majesté, Sire, ne met un frein à ces sortes de concussions en les abolissant, bientôt le cultivateur se trouvera réduit par toute la France à la plus dure espèce d'esclavage.....

Et après avoir examiné successivement les trois conventions qui règlent la culture des fonds d'autrui, c'est-à-dire le bail à ferme, la tierce et le métayage, Carion tirait cette conclusion :

Il est de la plus grande justice qu'il soit fait une loi pour tout le royaume qui assure le sort des cultivateurs et qui accorde aux métayers la moitié franche de tous les fruits des terres et produits des bestiaux, sans que les propriétaires ou fermiers puissent exiger d'eux aucune somme en argent, ni aucune portion dans leur moitié.

Ce n'était évidemment pas la première fois que Carion émettait cette idée, car il s'attendait à des contradictions, et il indiquait fort exactement celles qui allaient s'élever dans sa paroisse même :

Votre Majesté pourroit-elle croire que cette demande des cultivateurs n'a pas été accueillie par le Tiers-état lui-même et que peut-être ils ne pourront parvenir à la faire insérer dans le cahier de doléances de cet ordre ? Vous voyez, Sire, combien il est difficile que Votre Majesté soit éclairée sur les misères des pauvres laboureurs ; ceux qui devroient vous en instruire sont intéressés à vous les cacher. Il est impossible à Votre Majesté d'adoucir le sort des laboureurs, si elle ne fixe par une loi inviolable à quelles conditions les propriétaires pourront donner leurs fonds à cultiver, soit à moitié fruits, soit à tierce, soit à prix d'argent.....

Il est toujours facile de signaler des abus; il l'est moins de proposer des remèdes efficaces. Celui que le curé d'Issy-l'Évêque avait imaginé était assez chimérique. La culture des terres est, comme tous les autres contrats, subordonnée à la loi de l'offre et de la demande, et l'État ne peut raisonnablement s'immiscer dans des conventions privées, qui peuvent fort légitimement varier avec chaque cas particulier; mais Carion ne songeait guère à l'objection, et son principal souci en rédigeant cette lettre paraît avoir été d'opposer constamment « l'avidité des propriétaires et fermiers » à « la dure condition des pauvres laboureurs », « le luxe et l'avarice » des uns à « la grande misère » des autres, les habitants des villes « nourris dans l'oisiveté, » à ces races agricoles « dans lesquelles l'honneur et l'amour du travail se transmettent avec le sang, » enfin le petit nombre des « oppresseurs » à l'immense majorité des « mercenaires » qui « forment le gros de la nation. »

Ce luxe d'antithèses était un ferment de discorde. Vainement l'avocat du signataire dira-t-il plus tard qu'on ne pouvait lire la lettre au roi « sans y verser des larmes; » l'effet qu'elle produisit au moment de sa publication fut tout autre. Les divisions annoncées par l'abbé Carion et provoquées « par les fausses maximes qu'il répandoit en indisposant les laboureurs contre les fermiers et propriétaires [1] » ne tardèrent pas à éclater. Ce fut à l'occasion du cahier des doléances. Les habitants d'Issy-l'Évêque devaient s'assembler le 12 mars, en vue de rédiger ce cahier et d'élire des députés pour les représenter aux assemblées préliminaires qui seraient tenues à Autun à partir du 17 mars. Un certain nombre d'électeurs se réunirent place des Ormes, sous la présidence de M⁰ Picard [2], avocat, « plus ancien gradué pour l'absence du bailli de la justice. » Les sieurs Daviot, syndic, Frapet [3], notaire, et Doyen, fermier, étaient, avec M⁰ Picard, les membres influents de ce groupe qui comprenait plus spécialement les propriétaires et les notables. Picard et Doyen furent élus députés et rédigèrent le cahier.

D'autres électeurs au nombre de cent seize,

[1]. Information criminelle, déposition Picard.
[2]. Jean Picard, avocat, né en 1745, fut désigné par l'assemblée des députés tenue à Autun le 17 mars 1789, pour être un des dix-huit commissaires chargés de procéder à la rédaction en un seul cahier de tous les cahiers particuliers. Élu, en novembre 1795, commissaire du directoire exécutif près l'administration municipale du canton d'Issy-l'Évêque, il refusa ces fonctions. Il mourut le 11 septembre 1803.
[3]. Michel Frapet, né en 1757, exerça de 1781 à 1793 le ministère de notaire à Issy-l'Évêque. Il fut élu en 1790 administrateur du district de Bourbon-Lancy. Arrêté comme suspect le 18 décembre 1793, il subit quelques mois de détention à Autun. Après la Révolution, il fut nommé juge de paix du canton d'Issy-l'Évêque et remplit ces fonctions pendant de longues années. Il mourut le 2 décembre 1811. Il avait épousé Marie-Louise Simon, née en 1763 et décédée le 28 septembre 1838.

« tous laboureurs, journaliers, marchands et artisans, composant » — à leur avis — « la plus grande partie et plus saine de la paroisse, » et n'ayant pu parvenir, prétendaient-ils, à faire consigner leurs doléances, s'assemblèrent ailleurs. L'abbé Carion était à leur tête, et ce fut certainement sous sa dictée que le notaire Bijon[1] dressa un second cahier. Certaines plaintes faisaient double emploi avec le contenu de l'autre cahier. La résidence des officiers de justice, l'extinction de la mendicité, l'équitable répartition des impôts, la création de quatre foires à Issy-l'Évêque, avaient été déjà demandées. Mais le procès-verbal de M⁰ Bijon formulait d'autres réclamations, et c'étaient précisément celles auxquelles Carion s'efforça quelques mois après de donner satisfaction. Affectation réelle de la dîme aux dépenses du culte, interdiction « d'acheter aucunes provisions de bouche, le jour du marché, qu'au marché même, » défense de conduire du blé hors d'une ville ou d'une province « sans la permission du juge de police du lieu, » réglementation nouvelle du métayage, etc., tous ces points préoccupaient le curé et firent un peu plus tard l'objet de ses réformes législatives. Le dernier surtout visait divers abus relevés dans sa lettre au roi, et on devine aisément pourquoi les propriétaires et fermiers n'avaient pas voulu

---

1. Pierre Bijon, notaire à Issy-l'Évêque de 1788 à 1833.

insérer dans leur cahier des plaintes qui les assimilaient à des spoliateurs et à des concussionnaires. Les dissidents ne se contentèrent pas d'exprimer leurs vœux par écrit; ils désignèrent deux députés, le notaire Bijon et un sieur Jean Guichard; mais cette élection ne fut pas validée, et, seuls, Picard et Doyen représentèrent la communauté d'Issy-l'Évêque aux assemblées préliminaires.[1]

Les délibérations de la chambre du clergé appelèrent l'abbé Carion à Autun. Les lettres royales de convocation portaient que les curés des paroisses éloignées de plus de deux lieues du siège de l'assemblée ne pourraient y assister que par procureur pris dans l'ordre ecclésiastique, à moins qu'ils n'eussent un vicaire ou desservant en état de les remplacer. Carion était dans ce dernier cas. Il comparut, en outre, comme procureur fondé d'un de ses confrères, l'abbé Rémond, curé de Saint-Didier-en-Brionnais. Les circonstances avaient éveillé son ambition, et, quand le clergé des quatre bailliages d'Autun, Montcenis, Semur-en-Brionnais et Bourbon-Lancy eut à choisir un député, il posa résolument sa candidature. C'était assez téméraire, car des candidats plus sérieux briguaient déjà les suffrages. Le

---

1. *Cahiers des paroisses et communautés du bailliage d'Autun pour les États généraux de 1789*, publiés par A. de Charmasse et précédés d'une introduction par P. Montarlot, Autun, Dejussieu, 1895. Voir pages 109 à 117.

plus en vue était l'évêque même d'Autun, Charles-Maurice de Talleyrand-Périgord[1]. Arrivé seulement le 12 mars dans sa ville épiscopale, c'est-à-dire cinq jours avant les premières assemblées, il était tout à fait inconnu de son clergé; mais c'est souvent un avantage, ainsi que le démontre l'expérience, qui n'est pas toujours d'accord avec la logique. Il paraissait d'ailleurs assez probable que le nouveau prélat, pourvu de riches bénéfices et très noblement apparenté, ne serait pas un dangereux novateur. Si ces prévisions furent trompées, l'erreur était bien pardonnable.

Deux autres candidats se trouvaient en concurrence avec Carion. Le premier, l'abbé François Roché, curé de Saint-Pancrace à Autun, avait, lui aussi, publié, mais sans les signer, des *Remontrances sur les besoins des habitants de la campagne et du clergé du second ordre*[2], où l'extension des pouvoirs des curés et l'augmentation des portions congrues tenaient d'ailleurs beaucoup plus de place que les réformes proposées en faveur de la classe agricole. L'autre était un abbé Blaise Tripier, ancien curé de Chiddes (Nièvre). Celui-là avait également fait imprimer des *Observations sur les trois ordres qui composent la monarchie*

---

1. Nommé le 2 novembre 1788 et sacré le 16 janvier 1789.
2. Avec ce sous-titre : *Pétitions à faire aux États généraux qui ont été lues et proposées par un curé au clergé des quatre bailliages d'Autun, Mont-Cenis, Bourbon et Semur-en-Brionnois, assemblés à Autun.*

françoise. Le langage en était vif, et l'auteur ne se gênait pas pour « assimiler la classe de la noblesse et la classe des gros bénéficiers ecclésiastiques à l'ulcère chancreux qui ronge le corps de la nation jusqu'aux os. » Cela manquait de mesure. Talleyrand, plus avisé, ne publia rien, parla peu, tint table ouverte, sourit à propos, se montra gracieux pour tous, et, au jour du scrutin, ce fut lui qui recueillit la majorité des suffrages. Quelques voix s'égarèrent-elles sur le nom de Carion? On ne sait. Les scrutateurs furent trop discrets, et leur procès-verbal du 2 avril se borna à constater que, le nombre des voix étant de cent quatre-vingt-seize, la pluralité excédait de beaucoup la moitié des voix en faveur de l'évêque d'Autun.

II

C'en était fini des rêves de Carion. Il ne renonça pourtant pas à légiférer. Ce que l'issue du vote ne lui permettait pas de faire pour le bonheur de la France, il le ferait pour celui de ses paroissiens. Observant d'un œil attentif la marche des événements, il voyait l'Assemblée nationale porter la main sur tous les droits et sur tous les pouvoirs. Les décrets d'août, sanctionnés le 21 septembre, renversaient de fond en comble l'ancienne société. Il n'y avait plus ni privilèges, ni servitudes féodales, ni dîmes, ni corporations, ni justices seigneuriales, et, des quelques institutions qui tenaient encore, il n'en était pas une qui ne fût mise en question par les projets constitutionnels. Le prestige de la royauté était fort entamé; les gouverneurs des provinces ne trouvaient plus d'obéissance; celui de la Bourgogne, le prince de Condé [1], était déjà passé à l'étranger; les intendants s'attendaient à la suppression de leur emploi; les parlements touchaient au terme de leur existence; ils étaient alors en vacances, et l'Assemblée nationale se disposait à proroger ces vacances jusqu'à ce qu'elle eût aboli leur juridiction. Aux yeux des populations rurales, dégagées, comme par un coup de théâtre, de charges et de liens séculaires, affranchies en fait de toute soumission à des autorités jusqu'alors respectées, que restait-il? Rien ou peu s'en fallait. C'était la fin d'un monde, le retour à l'état de nature rêvé par l'auteur du *Contrat social*.

Carion partagea cette impression et, dans ce redoutable intérim, devant cette table rase, il se crut obligé de pourvoir à l'administration régulière de son pays. Enfermé dans son presbytère, il se mit à rédiger une constitution appropriée,

---

1. Louis-Joseph de Bourbon, prince de Condé, né le 9 août 1736, avait succédé en 1740 à son père dans le gouvernement de la Bourgogne. Quand il eut quitté la France, il forma sur les bords du Rhin l'armée d'émigrés connue sous le nom d'Armée de Condé. Il rentra à la Restauration et mourut à Chantilly le 13 mai 1818.

croyait-il, aux besoins et aux aspirations de ses paroissiens. L'heure vint de la promulguer. Le 27 septembre, Carion annonça en chaire qu'une assemblée aurait lieu le dimanche suivant à la sortie de la messe, et qu'on y discuterait les mesures à prendre pour former un grenier de subsistance. Mais, au prône du 4 octobre, il déclara qu'il n'y aurait point d'assemblée ce jour-là, parce qu'on s'occupait déjà de l'établissement du grenier. Le soir même, aux vêpres, profitant de ce que les fidèles étaient en petit nombre, il fixa au mardi 6 octobre une assemblée pour la création d'un comité[1]. Il choisissait ainsi, sans s'en douter, la date qui marque l'agonie de la royauté, celle où l'insurrection triomphante ramena de Versailles à Paris le roi désormais prisonnier.

Quand la cloche convoqua tous les habitants devant la porte de l'église, cet appel fut diversement entendu. Les propriétaires et notables se méfiaient; l'assemblée, qui n'avait pas été annoncée au prône, leur semblait irrégulière; ils firent la sourde oreille et s'abstinrent généralement. La réunion se composa presque exclusivement de métayers, d'artisans et de manouvriers. Devant cet auditoire facile à convaincre, le curé donna lecture de son élucubration qui avait pour titre : *Formation du comité et conseil d'administration des*

---

[1]. Information criminelle, dénonciation de MM. Molleral et Frapel.

ville et commune d'Issy-l'Évêque. Il n'y avait pas moins de quatre-vingt-dix articles. Tout était prévu, réglé, codifié, force publique, police municipale, voirie, octrois, système pénitentiaire, amendes et confiscations, budget de la fabrique, vente et circulation des grains, rapports des fermiers et des métayers, etc. Les stations tardives au cabaret et les danses de nuit n'avaient même pas échappé à l'inquiète sollicitude du législateur improvisé. Si ce règlement était adopté, la commune d'Issy-l'Évêque se suffisait dès lors à elle-même. Ayant son administration, sa milice, ses impôts, ses codes civil et criminel, tous les organes nécessaires à son existence propre, elle pouvait se passer du gouvernement central, et, quoiqu'elle n'entendît « se soustraire en aucune manière à l'autorité du roi, » elle devenait autonome.

Par une fortune singulière, les documents qui concernent ce petit épisode de la Révolution sont à peu près complets. Si les archives d'Issy-l'Évêque ont perdu les registres où furent consignées les premières délibérations municipales, les Archives nationales, héritières du Châtelet de Paris, ont conservé toute la procédure criminelle suivie contre l'abbé Carion[1]; la Bibliothèque nationale possède plusieurs imprimés relatifs à sa défense; les journaux de l'époque ont enfin per-

1. *Procès révolutionnaires*, 1790, Y, 10508.

pétué le souvenir des délibérations parlementaires qui décidèrent de l'issue des poursuites. Il est facile, à l'aide de ces éléments, de reconstituer exactement l'histoire du curé d'Issy-l'Évêque et de son règne éphémère. La pièce la plus intéressante est à coup sûr le règlement d'administration qui servit de fondement au procès et qui a été relevé, tel qu'il suit, sur l'original écrit de la main même de Carion.

FORMATION DU COMITÉ ET CONSEIL D'ADMINISTRATION DES VILLE ET COMMUNE D'ISSY-L'ÉVÊQUE.

La ville et commune d'Issy, voulant pourvoir à sa sûreté et à sa subsistance, a nomé une compagnie d'officiers choisits en son sein pour y veiller en forme de Comité et municipalité à l'instar de toutes les villes et communes de la France, sous le bon vouloir du roi et de la nation, à la juridiction et à l'autorité desquels la commune d'Issy n'entend se soustraire en aucune manière.

La commune assemblée au son de la grosse cloche sur la place publique devant la principale porte de l'église, à la manière accoutumée après la publication de l'assemblée faite au prône de la messe paroissiale le dimanche quatre octobre et indiquée au mardy six du même mois avec invitation à tous les bons citoyens de s'y trouver à l'effet de nomer les officiers municipaux du comité et de rédiger par écrit les articles qui importoient tant à la sûreté qu'à la subsistence et à la police de la commune, la commune étant assemblée dans la très grande pluralité de touts les chefs des familles, il a été avant tout procédé à la nomination des officiers du comité choisits dans toutes les classes des cytoyens. Dans la classe du clergé, la commune a nomé unanimement pour président

M. Carion, curé d'Issy; dans la classe des privilégiés, M. Montchanin[1]; dans la classe des bourgeois (un nom raturé) et Bijon; dans la classe des marchands, les s⁹ Doyen et Régnier; dans la classe des artisants, les s⁹ Sauvaget, Vadet, Ricard et Mayot; dans la classe des lab⁹, les s⁹ Guichard, Lauféron, Seveniau, Theveniau; dans la classe des manœuvres, les s⁹ Andalon et Lachamp.

Ensuite il a été procédé sous la direction de M. le président et des officiers du Comité à la rédaction des articles suivants pour la sûreté, la subsistence et la police de la commune.

1° Pour la sûreté.

ARTICLE 1.

Tout citoyen prêtera serment devant Dieu et la religion de demeurer fidèl au roi, à la nation et à la loi, et d'obéir au Comité dans toutes les choses qui concernent la bonne administration de la chose publique de la commune d'Issy.

ART. 2.

Tout citoyen en cas d'alerte sera tenu de prendre les armes aux ordres du Comité et d'obéir à l'état-major et à la discipline militaire.

---

1. Ce Demontchanin ou de Montchanin appartenait à une des plus anciennes familles d'Issy-l'Évêque. Hugues de Montchanin était, vers 1750, juge ordinaire ou bailli de la baronnie d'Issy-l'Évêque, Montperroux et Folin. Pierre de Montchanin, seigneur de Champoux, fut pourvu en 1778 d'une des vingt charges de trésoriers de France qui constituaient le bureau des finances de Dijon. Claude-Gilbert de Montchanin, né en 1764, était fermier général des domaines de Montgillard. Il y eut même une alliance de cette famille avec les Carion. Le 21 août 1781, Toussaint Aubry, fils de feu Gaspard et de dame Lazare de Montchanin, épousait, en l'église d'Issy-l'Évêque, Antoinette Carion, sœur du curé. On trouve au bas de l'acte la signature de Pierre de Montchanin, trésorier de France. C'est vraisemblablement ce dernier que Carion avait désigné pour faire partie du Comité.

Art. 3.

Il sera formé incessamment un état-major composé d'un commandant et d'un major; en attendant que les places des officiers soient remplies, la milice nationale de la commune sera commandée par les trois sergents Chavenard, Sotty et Mugneret qui prendront les ordres du Comité.

Art. 4.

Les prisons de la ville d'Issy seront mises en état incessamment.

Art. 5.

Tout étrangers suspects vagabons et sans passeports seront arrêtés et conduits devant le Comité qui les fera emprisonner selon l'exigence des cas.

Art. 6.

Dans le cas d'atroupement et d'émeute, les officiers du Comité emploiront les forces de la milice nationale pour arrêter les auteurs des atroupements, et ils requerront les maréchaussées voisines en cas de nécessité.

Art. 7.

Tout criminel sera arrêté et remis entre les mains de la maréchaussée de Toulon pour être jugé ensuite prévautalement.

Art. 8.

Dans le cas où des troupes voisines, soit nationalles, soit les maréchaussées, soit des troupes réglées, entreprendroient d'exercer quelqu'acte de violence, soit contre des particuliers, soit contre la commune, elles seront sommées d'exposer au Comité les raisons de leur démarche et d'y rendre compte des ordres et pouvoirs dont elles seront munies, et en cas de refus elles seront regardées comme troupes ennemies et on déploira contre elles toute la force des armes.

Art. 9.

Il demeurera deffendu expressement à tout particulier de tourner les armes contre aucun des cytoyens à moins que ce ne soit par l'ordre exprès du Comité.

Art. 10.

Dans tous leurs différents, les particuliers n'emploiront ni les menaces ni les injures ni le bâton ni les armes; mais ils auront recours en tout ce qui regarde la sûreté, la subsistence et la police au Comité qui y pourvoira promptement, et dans tout ce qui regarde la justice, ils emploiront les voies ordinaires.

Art. 11.

Générallement le Comité ne se chargera point des affaires des particuliers, et il n'en prendra connoissance qu'autant qu'elles intéresseront tout le public.

Art. 12.

Veillera néanmoins le Comité à ce que la justice soit rendue exactement aux particuliers, et, en cas de négligence ou de malversation de la part des officiers de la justice, le Comité en formera sa plainte aux officiers supérieurs.

Art. 13.

Pourront s'ils le veulent touts les particuliers s'adresser au Comité pour toutes leurs affaires affin de recevoir de lui les conseils qu'il sera à même de leur donner pour les diriger dans les voies de la justice.

Art. 14.

Tout cytoyen qui aura refusé de prendre les armes à l'ordre du Comité ou de l'état-major sera taxé à vingt sols d'amande qui seront appliqués à ceux qui auront fait son service.

Art. 15.

Tout cytoyen rebel et contumace au Comité et à l'état major sera déclaré mauvais citoyen, traître au roi et à la nation, et punit conformément à la loi de la discipline militaire.

Art. 16.

Tout cytoyen se répandant en invectives soit contre le Comité, soit contre l'état-major sera emprisonné et punit par une amande arbitraire prononcée par le Comité.

Art. 17.

Il sera fait une ronde touts les dimanches et fêtes dans les cabarets par un sergent et 4 fusilliers aux heures du service divin, et touts ceux des lieux ou des paroisses voisines qui seront trouvés buvant, seront condamnés à l'amande de cinquante livres par le Comité, laquelle amande sera prononcée de même contre les cabaretiers.

Art. 18.

L'amande sera signifiée aux délinquants par un sergent de l'état-major; et au refu de la payer, il sera procédé sur le champ à la saisie des meubles et effets qui seront vendus sur la place publique au plus prochain marché, jusqu'à la concurence de la somme de cinquante livres.

Art. 19.

Il sera fait pareillement une ronde dans les cabarets à six heures du soir pour les vuider de touts buveurs, excepté les étrangers dont les passeports auront été visés au Comité !

Art. 20.

Toute personne jurant, blasphémant et en venant aux coups sera arrêtée et conduite au Comité qui lui fera la réprimande ou l'envoira en prison selon l'exigence des cas.

Art. 21.

Au simple commandement par écrit du Comité, tout cytoyen se rendra lui-même en prison, et s'il est nécessaire d'employer la force, il sera condemné à un écu d'amande qui sera distribué au sergent et fusillier qui l'auront emprisonné.

Art. 22.

Tout cytoyen emprisonné pour fait de police sortira de prison par ordre du Comité; et dans le cas où il refuseroit de sortir sous prétexte qu'il a été induement emprisonné, il sera regardé comme un traître et un mauvais cytoyen et condemné par le Comité à la prison ou à une amande arbitraire.

Art. 23.

Tout cytoyen faisant baccanale le jour ou la nuit dans les rues et dans les cabarets sera arrêté et mis en prison.

Art. 24.

Toute dense de nuit dans les cabarets ou sur les places publiques seront deffendues, et le joueur d'instrument emprisonné, excepté les denses qui se font lors des mariages.

Art. 25.

La police sera faite exactement par les soins du Comité; chacun sera tenu de balayer devant chez soi et de tenir les rues propres sous peine d'amande prononcée par le Comité.

Art. 26.

Il ne sera permit à personne d'embarasser ni les rues ni les places, excepté les matériaux pour la batisse qui seront déposés sur les places où l'on batit et sans néanmoins gêner le passage.

Art. 27.

Tout bois à chauffer qui embarassera les rues ou les places sera confisqué.

Art. 28.

Touts ceux qui ont usurpé sur les rues ou sur les places publiques seront tenu de restituer; les rues auront au moins dix-huit pieds de large; les hais ou les murs de clauture qui gêneront ou resserront les rues et les places seront détruits par la police sans aucune forme de procès que le verbal qui en sera dressé au Comité.

Art. 29.

En cas d'opposition et de résistance de la part des particuliers, ils seront condemnés à une amande arbitraire par le Comité.

Art. 30.

Les boues dans les rues seront ramassées par chaque particulier, chacun arrière soi, et enlevées par les soins du Comité.

Art. 31.

Touts les chemins fincrots et autres nécessaires seront incessemment réparés; chaque cytoyen de toutes les (classes) sans distinction sera tenu de faire huit corvées par an, quatre au printems et quatre en automne.

Art. 32.

Tout laboureur devra huit corvées à bœuf estimée chacune 2 fr. et toutes corvées à bras seront estimées chacune 1 fr.

Art. 33.

Il sera loisible à chacun de payer les corvées en argent sur le tau fixé par le règlement ou de les faire soi-même.

Art. 34.

Le Comité dirigera lui-même les travaux des chemins ou nomera un directeur qui pour sa peine sera exempt de corvées.

Art. 36.

Il sera mit des planches ou fait des petits ponts en bois partout où il en sera besoin; le bois sera fournit par les propriétaires des fonds où se trouvent les ruisseaux, et les arbres seront marqués par le garde.

Art. 37.

Lorsque la commune aura des fonds, elle fera paver peu à peu les rues de la ville.

Art. 38.

Les anciennes rues devenues impraticables seront abandonnées, les chemins seront donnés dans les champs voisins, les anciennes rues appartiendront à ceux qui donneront les nouveaux chemins ; deffense faite aux propriétaires de barer lesdits chemins par aucun fossé ni aucune clauture.

Pour la subsistance.

Article 1.

Le vendredy de chaque semaine pendant toute l'année, il y aura un marché dans la ville d'Issy fournit de bled et de toutes les provisions de bouche que produit le païs.

Art. 2.

Il ne poura se vendre au marché que du bon bled étappé loyal et marchand, et s'il s'en trouve de moindre qualité il sera taxé par le Comité.

Art. 3.

Il ne pourra se vendre du bled au marché que dans la mesure de Bourbon-Lancy pesant dix-huit livres.

Art. 4.

Le bled se vendra aux gens du lieu avant d'en distribuer aux étrangers, et il ne pourra se vendre plus cher qu'à Bourbon-Lancy.

Art. 5.

Dans le cas où le bled manqueroit au marché, le Comité fera ouvrir les greniers des particuliers.

Art. 6.

Dans les moments de disette des bleds, il sera deffendu d'en sortir du territoire de la commune sans la permission par écrit du Comité.

Art. 7.

Cette permission ne pourra être accordée qu'à condition que chaque propriétaire ou fermier déposera sur un grenier publique la quantité de quarante boisseaux de bled par domaine.

Art. 8.

Outre le grenier de subsistance qui ne pourra être ouvert avant le mois de mars, chaque particulier ayant du bled à vendre sera tenu d'en amener au marché.

Art. 9.

Il sera deffendu de vendre du bled sur les greniers les jours de marché; mais il ne pourra se vendre qu'au marché même.

Art. 10.

Il sera deffendu pareillement de vendre les autres provisions de bouche ailleurs qu'au marché; ceux qui les iront attendre sur les chemins payeront l'amande, et les marchandises seront confisquées.

Art. 11.

Il y aura aux marchés et aux foires deux fusilliers et un sergent pour veiller à la police avec un des officiers du Comité; il sera payé dix sols au sergent et cinq sols à chaque fusillier toutes les fois qu'ils seront en exercice.

Art. 12.

Les foires anciennes seront rétablies; il y en aura huit par an, savoir : le 4 novembre, le 15 janvier, le 15 mars, le 30 avril, le 3 juin, le 26 juillet, le 5 septembre et le 4 octobre ; en cas de dimanche ou de fête, les foires se tiendront le lendemain.

Art. 14.

Tout propriétaire ou fermier ne pourra soustraire son métayer à l'obéissance du Comité, auquel le maître lui-même demeurera soumis sous les mêmes peines que le métayer.

Art. 15.

Tout maître qui entreprendra de faire de la peine à son métayer, soit en le mettant hors de son domaine, soit autrement, parce que celui-cy aura obéi au Comité, sera condemné à l'amande double qu'auroit encouru le métayer, et le Comité empêchera l'effet des menaces du maître.

Art. 16.

Les anciennes conventions pour la culture des domaines à moitié seront fidellement observées; deffense faite aux maîtres et aux métayers d'y déroger sous peine de cinquante livres d'amande pour la première fois et de nullité des conventions usuraires et concussionnaires.

Art. 17.

A commencer à cette Saint-Martin de l'année présente 1789, tout bail de métayer sera au moins de trois ans; bail fait par écrit et passé verballement aura la même force; ne pourra être rompu de la part du maître ou du métayer que par des raisons légitimes dont ils seront tenu de rendre compte au Comité.

Art. 18.

Les conventions anciennes de métayer sont que le cultivateur a la moitié dans les fruits des terres et dans le produit des bestiaux; c'est au propriétaire à fournir les bestiaux et les batiments qui font partie du fond; c'est au cultivateur à fournir sa peine et touts les instruments de labourage; c'est encore à lui à fournir touts les frais de semence; c'est au cultivateur à faire toutes les réparations locatives et à entretenir la couverture à paule des batiments; c'est au cultivateur à faire toutes les voitures des grosses et menues réparations du fond et à élever les bestiaux et les faire profiter par ses soins.

Art. 19.

Le cultivateur à moitié doit avoir sa part au moins la moitié franche de touts les fruits des terres et de touts les produits des bestiaux, sans que les propriétaires ou fermiers puissent exiger d'eux à titre de belles-mains ou autrement aucune somme en argent ou aucune portion dans leur moitié.

Art. 20.

Pouront néanmoins le maitre et le métayer faire ensemble toutes autres conventions qui seront justes, sauf au Comité à les interdire en cas qu'elles devinssent abusives et préjudiciables à la commune.

Art. 21.

Comme il est de l'intérêt de la commune que les fonds soient bien cultivés, le Comité dirigera son attention principalement sur cet objet; les bons laboureurs seront distingués et ne pourront être renvoyés que pour de bonnes raisons dont le Comité prendra connoissance.

Art. 22.

Tous les ans, à la Saint-Martin, il sera fait une visite amiablement entre le maitre et le métayer par deux hommes només par la commune pour reconnoitre l'état des héritages et des batiments.

Art. 23.

Toutes les réparations à la charge du métayer seront faites pendant l'année, et si le maitre néglige de les faire faire, elles ne seront plus au compte du métayer, mais du maitre.

Art. 24.

Générallement le métayer ne pourra être recherché que pour les réparations d'une année ; toutes celles qui seront reconnues des années précédantes demeureront à la charge du maitre.

Art. 25.

Lors de la sortie d'un métayer d'un domaine, il sera fait une visite, et tout l'argent auquel seront évaluées les réparations à faire sera employé en réparations, sans que le maitre, propriétaire ou fermier en puisse faire son profit particulier.

Art. 26.

Tout métayer sera tenu d'avoir un livre de compte, cotté et paraphé du Comité, sur lequel seront inscrites les ventes, les avances et les achats par quantième.

Art. 27.

Le Comité veillera à ce qu'il ne se fasse aucune fraude ni tromperie tant au maitre qu'au métayer, et s'emparera de toutes les contestations entre eux pour affaires de compte, comme étant affaires de police intéressant la commune.

Art. 28.

Toutes conventions contraires aux articles cy-dessus stipulées, même par acte notariée, sont déclarées nulles à commencer le onze novembre 1789 ; deffense faittes aux maitres d'en exiger l'accomplissement sous peine de 50 fr. d'amande, et d'être déclaré usuriers ou concussionnaires et poursuivits comme tels par la commune.

Art. 29.

Les mésus seront soigneusement réprimés ; dans le cas où le domage ne pourroit être estimé, il sera prononcé une amande de dix sols contre les chevaux, bêtes à cornes et pourceau pris en mésus dans les bleds ou dans les prés et une amande de cinq sols contre les autres bêtes.

Art. 30.

Les bannalités et sujessions aux moulins étant abolies, la moudure ci-devant de deux livres par boisseau demeurera fixée à une livre et demie.

Art. 31.

Comme il est de l'intérêt de la commune que les moulins qu'elle a sur son territoire soient entretenus, elle deffend à tout habitant d'aller moudre aileurs sous peine de 3 fr. d'amande pour la première fois et de plus grande en cas de récidive.

Art. 32.

La moudure étant diminuée d'un quart, le prix des moulins sera diminué d'un quart, sauf aux propriétaires à reprendre leurs moulins.

Art. 33.

L'intérêt de la commune exige que les moulins soient entretenus en bon état; celui de Brouaille qui peut seul fournir dans le temps de sécheresse sera réparé incessamment; et en cas de refus de la part du propriétaire, les réparations en seront adjugées au rabais par le Comité, et il sera saisi entre les mains du meunier jusqu'à la concurrence du payement.

Art. 34.

Le meunier sera tenu de rendre même poids du bled environ moins le poids de la moudure; il ne sera tenu de répondre que du poids qui aura été constaté dans sa romaine.

Art. 35.

Si quelqu'un ayant du bled plus que pour sa consommation refuse d'en amener au marché et qu'il en manque pour la provision de la semaine des habitants, le Comité en envoira quérir dans les granges et sur les greniers par l'état-major aux frais de ceux à qui appartiendra le bled.

Art. 36.

Il sera payé au sergent 1 fr. et aux fusilliers 10 s. chacun; le reste sera payé convenablement par le Comité.

Art. 37.

La commune, prenant en considération que les décimateurs ecclésiastiques n'acquittent point les charges attachées de droit à la dixmes par toutes les loix du royaume, ordonne qu'il sera saisi entre les mains des fermiers du principal décimateur ecclésiastique, sauf son recours : 1° une somme de 350 livres pour la portion congrue du vicaire d'Issy pour l'année précédante qu'il n'a pas été payé, et une pareille somme pour l'année courante; 2° une somme de 200 l. pour le soulagement des pauvres pour l'année présente; 3° une somme de 100 l. pour l'entretient de la fabrique pour l'année précédante; 4° une somme de 50 l. pour le payement du chantre à l'église pour cette année et une pareille somme pour l'année précédante.

Art. 38.

La commune n'ayant pas de deniers publiques pour faire les réparations de la ville d'Issy et fournir aux autres dépenses nécessaires au bien publique tant pour la sûreté que pour la subsistance et la police, a établit les auctrois qui se payeront dès le moment présent sur le vin, le bled et la viande scavoir à raison de vingt sols par pièce de vin qui entreront pour être consommées dans la ville d'Issy; un sol par boisseau de bled qui sortira du territoire de la commune d'Issy pour être consommé alieurs, et pour la viande scavoir un écu par bœuf qui sera tué à la boucherie, 2 livres par vache,

15 sols par veau, 8 sols par chèvre, 6 sols par mouton et par cochon, plus ou moins à raison de 12 sols par vingt francs de valeur.

Art. 39.

La commune a statué que les Grandes Bruères seront amodiées incessamment au profit de la commune comme étant un communal appartenant à la ville d'Issy.

Art. 40.

Dans le cas où il s'éleveroit des contestations de la part des propriétaires circonvoisins de la commune, elle ne laissera pas que de jouir par provision, ce qui les empêchera absolument d'y faire désormais aucun acte de propriété.

Art. 41.

Dans la commune des Taupières, il sera prit un pré qui sera amodié au profit de la ville d'Issy; les habitants de la commune pourront néanmoins envoyer leurs bêtes dans le restant de laditte commune.

Art. 42.

Toutes les amandes et confiscations seront prononcées par le Comité assemblé et exécutées sans appel.

Art. 43.

Le Comité aura un registre où toutes ses opérations seront écrites avec exactitude.

Art. 44.

Le Comité n'agira dans toutes ses opérations qu'au nom de la commune.

Art. 45.

Le Comité prendra connoissance des affaires de la fabrique; elles seront désormais dirigées par lui.

Art. 46.

M. le fabricien rendra compte touts les ans au Comité de l'état des fonds de la fabrique; il se procurera avec soin le recouvrement de tous les produits arriérés des bans à l'église.

Art. 47.

Il sera procédé incessamment à une nouvelle amodiation des bans à l'enchère, et ceux qui en jouissent auront le droit de les retenir au prix où ils seront montés.

Art. 48.

La vente des bans à l'église se payera un an d'avance et s'ils sont amodiés pour plusieurs années, l'amodiation sera sans effet, faute de payer chaque année d'avance.

Art. 49.

Il ne pourra se porter des chaises à l'église qu'elles ne payent louage à la fabrique.

Art. 50.

Le Comité prendra connoissance des affaires du bureau de charité et désormais il en dirigera les opérations.

Art. 51.

Le Comité assemblera la commune toutes les fois qu'il le jugera à propos, et il ne pourra être ajoutés de nouveaux articles à ce réglement ni en être effacés aucun que par la commune assemblée.

Art. 52.

Il ne pourra être retranché ni ajouté aucun membre au Comité que par la commune assemblée; pourront néanmoins les officiers remettre leur démission entre les mains du président qui la recevra en attendant qu'elle soit acceptée de la commune.

Art. 53.

Touts les habitants de la commune assemblés comme il a été dit cy-dessus ont prêté serment solemnel devant Dieu et la religion de demeurer fidels au roi, à la nation et à la loi, et d'obéir au Comité et Conseil d'administration de la Chose publique d'Issy en tout ce qui concerne la sûreté, la subsistance, la police et le bon gouvernement général de la commune; ils ont prêté serment de se rendre fidels à l'observance de touts les articles rédigés cy-dessus qu'ils entendent et veuillent être, sous le bon vouloir du roi et de la nation, leur code particulier d'administration publique, le bonheur, la paix et la prospérité de la commune dépendant de leur exacte observance; ils en ont remis l'exécution entière entre les mains du Comité, comme étant pour toujours leur corps de municipalité nommé par la commune et devant être approuvé du roi, ainsi que les municipalités des villes du royaume, pour exercer publiquement et avec caractère toutes les fonctions du gouvernement publique et de police; la commune ayant remit toute son auctorité et tout son pouvoir entre les mains du Comité, celui-cy fera les démarches nécessaires pour se faire approuver de l'intendance et envoira à M⁰ l'intendant une copie en forme du présent règlement; et néanmoins en attendant que les municipalités ayent été de nouveau organisées par le roi et l'assemblée nationalle, le Comité d'Issy en exercera avec caractère publique toutes les fonctions jusqu'à ce qu'il en ait été ordonné autrement par le roi et la nation. Tous les habitants de la commune d'Issy comparants ont prêté serment solemnel d'obéir au Comité et à l'état-major, de prendre les armes le jour et la nuit et faire patrouille toutes les fois qu'ils en seront requis; deffeau a été donné par l'assemblée contre les non-comparants, dont la non-comparution sera prise pour l'adhésion la plus formelle aux vues patriotiques de la commune, dans le cas où les non-comparants se conformeront à tous les articles du règlement rédigés cy-dessus et s'empresseront autant qu'il sera dans leur pouvoir d'en procurer et d'en consentir l'exécution; et dans le cas contraire seront regardés comme mauvais cytoyens, ennemis de la commune et du bien publique, pour lesquels ils n'auront pas voulu sacrifier leurs intérêts personels; pourquoi la commune déclare dès à présent qu'elle gardera un fidel registre de touts les bons cytoyens pour les protéger, les deffendre et les distinguer en toute occasion au péril de sa vie et de ses biens; mais qu'elle se souviendra de tous ceux qui lui auront été contraires, traîtres, désobéissants et infidels, pour les mortifier et les punir autant qu'il sera en elle de touts leurs mauvais procédés à son égard, les déclarant au surplus infidels à Dieu, traîtres au roi et à la patrie pour la prospérité et le bonheur de laquelle ils n'auront témoigné qu'indifférence et mauvaise volonté.

Délibéré, conclu et arrêté par la commune d'Issy, assemblée les jours et an que dessus, et ont signé ceux des cytoyens qui le scavent, la présence et le consentement de ceux qui ne scavent point signer étant suffisemment constatés par la mention exprimée cy-après de leur nom et la signature de M. le président et du secrétaire du Comité.

CHAPITRE II

Application du règlement d'administration.

I

Le règlement dressé par l'abbé Carion n'appelle point de commentaire; les réflexions naissent, en effet, d'elles-mêmes à la lecture de ses divers articles. Ce qu'il faut simplement ajouter, c'est qu'en réalité ce document ne fut pas discuté par l'assemblée, comme le ferait croire la teneur du procès-verbal. Carion l'avait apporté tout fait, tel qu'il était sorti de son cerveau, et aucune délibération contradictoire, aucun échange de vues n'en modifia les dispositions. Les naïfs paysans qui composaient la réunion, « gens agrestes et illettrés », furent éblouis par la science politique de leur curé. Ils acceptèrent le règlement de confiance, ratifièrent aveuglément les choix de Carion et lui conférèrent par acclamation la présidence du Comité, comme il s'y attendait. Les bourgeois continuèrent à rester froids. Deux d'entre eux, que le curé avait désignés en leur absence et sans les consulter, se déclarèrent suffisamment édifiés et s'empressèrent de se retirer. Un autre siégea quelques semaines au Comité ; mais, craignant de se compromettre, il prit « la résolution d'abdiquer » et la fit signifier à Carion par exploit d'huissier.[1]

On a pu voir que ce Comité s'était attribué la toute-puissance. Carion qui, comme curé, gouvernait les consciences, se trouva gouverner en même temps tous les services et tous les intérêts de la paroisse. Par une étonnante concentration des pouvoirs exécutif, législatif et judiciaire, il appliquait lui-même les lois qu'il avait faites et exécutait les jugements qu'il avait rendus en vertu de ces lois. Le règlement invitait même les particuliers à lui conter leurs petites affaires personnelles, pour qu'il leur donnât ses conseils et les dirigeât « dans les voies de la justice. » Sa dictature, franchissant le cercle des relations sociales, portait son ingérence tracassière jusque dans les actes de la vie privée, et peut-être, pour rencontrer l'exemple d'un pareil absolutisme, fallait-il remonter à Lycurgue ou même à Dracon, dont les ombres avaient dû hanter l'imagination du curé d'Issy-l'Évêque.[2]

Carion, fier de son œuvre, en adressa un double à l'intendant de Bourgogne[3]; mais ce person-

---

1. Inf. crim., dép. Simon.
2. Taine a signalé cet épisode comme une des manifestations les plus caractéristiques de l'état des esprits au commencement de la Révolution. Voir *Origines de la France contemporaine : la Révolution*, t. I, p. 295.
3. Antoine-Léon-Anne Amelot, marquis de Chaillou, né à Paris le 22 juillet 1760, maître des requêtes en 1779, reçut, le 30 novembre 1783, la commission d'intendant de Bourgogne. Après la suppression de sa charge, il fut nommé commissaire du roi à la caisse

nage négligea de lui en accuser réception et parut n'y attacher aucune importance. C'était cependant très sérieux. Le législateur n'entendait pas que son règlement demeurât lettre morte. Il avisa, sans plus tarder, à constituer une milice nationale. La république d'Issy-l'Évêque ne pouvait, en effet, se passer d'une armée. L'article 8 ne prévoyait-il pas le cas où « des troupes voisines » feraient acte de belligérants et où il faudrait « déployer contre elles toute la force des armes ? » Cette milice fut exclusivement recrutée dans l'élément populaire. Carion n'aurait pourtant pas été fâché d'y introduire quelques bourgeois auxquels l'exercice de la chasse eût appris à tenir un fusil. Un jour, il envoya chercher le sieur Claude-Gilbert de Montchanin par une dizaine de ses gens, et, comme celui-ci ne se pressait pas de les suivre, on le saisit au collet[1]. Il fallait un état-major. A l'instar des prêtres batailleurs du moyen âge, Carion s'en fit nommer membre; mais la composition de cet état-major fut laborieuse. Le curé arriva cependant à trouver douze manœuvres qu'il plaça sous les ordres des sieurs Toussaint Chavenard, sergent de la justice, et Gabriel Sotty, marchand. Le comman-

de l'extraordinaire. Arrêté en janvier 1793, il ne dut son salut qu'à la chute de Robespierre. Il devint en 1799 administrateur de la loterie, puis receveur général des hospices de Rouen, où il mourut le 17 juillet 1824. Son père, Antoine-Jean, avait été lui-même intendant de Bourgogne de 1764 à 1774.

1. Inf. crim., dép. Montchanin.

dement en chef fut dévolu à un sieur François
Mougneret, dont les capacités militaires parurent
incontestables, car il avait été sergent au régiment de Blaisois. Il réunit deux ou trois fois les
membres de l'état-major et leur apprit à faire
l'exercice. Carion encourageait ces derniers en
leur donnant à chacun dix sous par jour[1]. Ainsi
fut créé le corps d'élite appelé à diriger les opérations stratégiques de la milice d'Issy-l'Évêque.

Le dictateur ne s'en tint pas là. Le concours
de bras vigoureux était nécessaire à l'accomplissement de ses vastes desseins. Carion embaucha
une soixantaine de journaliers, qu'il solda soit
de sa poche, soit avec le produit des amendes,
et ces gens, armés de bâtons, de faux, de haches,
de « goyards », se trouvaient toujours prêts à
exécuter ses ordres. Il leur en donnait à tout
propos. Tantôt la bande arrêtait les voitures
chargées de grains, tantôt elle prêtait main-forte
aux plans d'alignement décrétés par le curé,
abattait les arbres, coupait les haies et jetait
bas les murs des particuliers. Un de ses membres
les plus actifs était un maçon nommé Lazare
Colas, originaire de Toulon-sur-Arroux, qui venait
de faire trois ans de galères. On peut penser
avec quel entrain il s'acquittait de ses nouvelles
fonctions. Un autre, Jean Sotty, battait habi-
tuellement la générale, et cette spécialité lui

---

1. Inf. crim., dép. Richard.

avait valu dans le pays le surnom de *Prince Tambour*.

Un des premiers actes de l'Assemblée nationale avait été d'abolir les corvées. Carion jugea que cette institution avait du bon et la rétablit au profit de la commune. Chaque particulier fut taxé à huit corvées de bras par an, et chaque laboureur à huit corvées de bœufs. Mais ce fut surtout à l'occasion de la circulation des grains que le curé d'Issy-l'Évêque se mit ouvertement en contradiction avec les volontés de l'Assemblée. Il n'est pas besoin de rappeler quelle était alors la situation économique. La sécheresse prolongée de l'été précédent et la rigueur exceptionnelle de l'hiver avaient amené une disette cruelle. Chaque commune prétendait garder le grain qu'elle avait recueilli et qui devait assurer son approvisionnement. Des décrets des 29 août et 18 septembre avaient bien interdit l'exportation des blés et farines à l'étranger et défendu de mettre obstacle à leur circulation dans l'intérieur du royaume; mais la faiblesse ou la complicité des autorités locales rendait ces mesures inefficaces. Les particuliers, les municipalités même se dérobaient à leur exécution. Rouen retenait les bateaux chargés de grains achetés pour secourir Paris; Tournus s'opposait de même au départ des subsistances destinées à la ville de Mâcon; ailleurs la population, excitée par les journaux, poursuivie par le souvenir du pacte de famine, se soulevait contre de prétendus accaparcurs, arrêtait les convois, pillait les magasins ou forçait les officiers municipaux à taxer le blé[1]. Les décrets se succédaient sans résultat. Quand la tourbe d'émeutiers et de poissardes accourue à Versailles eut envahi, dans la soirée du 5 octobre, la salle du Jeu-de-Paume, en attendant l'heure de se ruer sur le château, l'Assemblée nationale, pour lui donner un semblant de satisfaction, édicta « que le Comité des recherches seroit tenu de faire toutes informations nécessaires contre les auteurs, fauteurs, complices, etc., qui auroient apporté quelque trouble à la circulation des grains. » Il était plus facile de rendre un décret nouveau que d'appliquer ceux qui existaient déjà.

Quelque formelles que fussent les injonctions de l'Assemblée, Carion ne s'en émut nullement. Craignant que sa paroisse ne fût affamée par la liberté des transactions, il veilla soigneusement à l'observation des articles de son règlement qui interdisaient toute exportation de blé sans la permission du Comité. Certains fermiers n'en tinrent aucun compte, et leur résistance fut le prétexte de violences qui servirent plus tard de base à l'accusation dirigée contre Carion.

Quand on veut préciser les faits, on n'a que l'embarras du choix. Un des mieux caractérisés se

---

[1]. Réimpression de l'ancien *Moniteur universel*, n° du 30 octobre 1789, t. II, p. 105.

passa le 9 novembre 1789. Ce jour-là deux cavaliers de la maréchaussée de Toulon-sur-Arroux escortaient trois chars contenant ensemble cinquante-quatre boisseaux de seigle et appartenant à François Daviot, de Chaumat[1], qui les envoyait au marché de Gueugnon. Ils s'arrêtèrent à Issy-l'Évêque pour déjeuner. Pendant qu'ils étaient à l'auberge, ils entendirent battre la générale. C'était le *Prince Tambour* qui avait été chercher son instrument au presbytère et qui convoquait la troupe. Les gendarmes remontèrent à cheval et rejoignirent les chars; mais déjà une foule de gens armés de piques et de pioches arrêtaient les attelages et se répandaient en menaces. Un des gendarmes fut blessé dans la bagarre. On emmena les chars à la faveur du désordre, et on les déchargea chez le curé, qui « était resté à sa fenêtre avec d'autres membres du Comité, tranquille spectateur de cet événement. »[2]

Une scène de même nature éclata quelques jours après. Le 18 novembre, un nommé Granger, de Toulon-sur-Arroux, conduisait trois voitures contenant cent treize boisseaux de blé qu'il avait achetés à Perrigny[3]. Au moment où il traversait le hameau de Corcelles,[4] « il sortit tout à coup

---

1. Commune de Marly-sous-Issy.
2. Inf. crim., dép. Desnoyers, Pigourier, Daviot, Aubry.
3. Commune d'Issy-l'Évêque.
4. Idem.

de derrière les hayes vingt à vingt-cinq hommes armés les uns de fusils, les autres de pieux et de bâtons. » Ils le sommèrent de leur livrer son blé et déclarèrent « qu'ils agissoient par ordre du sieur curé d'Issy-l'Evêque. » Granger, effrayé, se sauva en abandonnant son grain, qui fut conduit chez le curé et dont il n'avait pas encore de nouvelles six mois après, malgré cinq lettres pressantes, dont plusieurs, ainsi qu'en témoigna plus tard M. de Finance[1], président du comité exécutif de Toulon-sur-Arroux, étaient postérieures au décret sur la libre circulation des grains.[2]

Tout le monde n'était pas si accommodant. Dans le courant de décembre, le gendarme Peutet avait été chargé par le comité exécutif de Digoin d'amener dix muids de seigle achetés au sieur Frapet. Déjà le grain était mesuré et chargé. Soudain la générale retentit; quinze hommes s'opposent au départ et conduisent les chars à Issy-l'Evêque; mais le gendarme ne se laissa pas intimider; il alla trouver le curé, le menaça d'un procès-verbal et réussit à emmener son convoi.[3]

Carion ne se contentait pas d'arrêter la circu-

---

1. Félix de Finance du Fey, né à Toulon-sur-Arroux vers 1735, garde du corps, commandant en 1788, puis colonel en 1789 de la milice nationale, élu en 1790 maire de Toulon, puis juge de paix de ce canton, capitaine en 1792 au 30ᵉ régiment d'infanterie et pensionné par décret du 21 messidor an II. Il mourut à Toulon le 16 août 1802.
2. Inf. crim., dép. Granger, Dudragne, de Finance.
3. Ibid., dép. Peutet, Garnier.

lation des grains; il réquisitionnait chez ses paroissiens sous prétexte de remplir son grenier de subsistance ou de fournir du blé à ceux qui n'avaient pu s'en procurer[1]. C'est ainsi qu'il fit amener chez lui par trois de ses gens, une voiture contenant quarante-cinq boisseaux de grain qui appartenait à un sieur Vaudelin, et que celui-ci avait vendu trois francs la mesure à un sieur Forey. Il vendit ensuite ce grain cinquante-cinq sous aux habitants d'Issy-l'Evêque et en remit le prix au sieur Vaudelin, qui perdit la différence[2]. Il tenta de se procurer du blé par les mêmes moyens au domaine de Bauzot[3] appartenant à M. Mollerat[4]; mais le métayer lui fit croire que le blé n'était pas tout à fait vanné, et l'expédition n'eut pas d'autre suite[5].

Les communes voisines n'étaient pas à l'abri

---

1. Il écrivit, par exemple, à M. Mollerat de Serandez le billet suivant, qui fut joint à la procédure comme pièce à conviction :

« 18 Octobre 1789.

» Je prie Monsieur de Serandet de vouloir bien donner deux bois-
» seaux de blé à Blondeau qui n'a pu en avoir au marché ce matin.
» J'ai l'honneur d'être avec respect, Monsieur, votre serviteur,

» CARION, curé, président du Comité. »

2. Inf. crim., dép. Vaudelin.
3. Commune d'Issy-l'Evêque.
4. Pierre Mollerat de Vertpré, écuyer, seigneur de Serandez, né, vers 1710, de Jean Mollerat, seigneur du Cottier, propriétaire de la forge de Chamouilley (Haute-Marne), et de dame Antoinette Steulle, avait été contrôleur des guerres, puis maître de forges à Gueugnon. Il épousa en 1757 Anne-Louise Raguet de Fossé, veuve du comte Edme d'Escorailles. La terre de Serandez appartient actuellement à son arrière-petite-fille, Mme de Champigny, née Mollerat du Jeu.
5. Inf. crim., dép. Simon.

de ces coups de main. Dans le courant de novembre, Carion envoyait une douzaine d'hommes chez le sieur Blondeau, fermier à Grury, qui se proposait de vendre son blé au marché d'Issy-l'Évêque, et la bande forçait le métayer à amener au grenier de subsistance soixante-quinze mesures, dont le prix ne lui était pas encore payé six mois après[1].

Parfois les mandataires de Carion avaient le mot pour rire. Un métayer de M. Mollerat, Denis Daviot, voyait partir son blé avec regret. L'ex-forçat Colas et un nommé Melleret, qui procédaient ce jour-là, l'assurèrent « qu'ils se feroient de grandes culottes avec les sacs. » Il ne faisait pas bon, au reste, d'exprimer son mécontentement. L'article 16 du règlement défendait toute invective contre le Comité sous peine d'emprisonnement et d'amende arbitraire. Un nommé Léger Diry, fermier du domaine de Montchanin[2], en fit l'expérience. A l'occasion d'une réquisition de grains, il avait tenu dans un cabaret quelques propos sur le curé. Un jour, celui-ci, qui venait justement de « donner la bénédiction pour obtenir la tranquillité publique », fit battre le tambour et amener le délinquant au presbytère. Diry, interrogé, ne contesta pas qu'il s'était exprimé un peu vivement sur son compte.

1. Inf. crim., dép. Blondeau.
2. Commune d'Issy-l'Évêque.

Carion envoya chercher aussitôt le notaire Bijon, et l'invita à dresser acte des excuses qui allaient lui être adressées. Excuses peu spontanées d'ailleurs, car « un des plus furieux satellites du curé », Lazare Ledey, ancien boulanger, prenait Diry au collet et le malmenait en disant : « Voilà comment nous avons secoué les cavaliers de Toulon. » Cette reconstitution de la scène du 9 novembre « faisoit rire le sieur curé. » En présence du notaire, Diry convint « qu'il avoit eu la foiblesse de tenir beaucoup de mauvais propos sur le compte du sieur curé; qu'il en étoit fâché et consentoit qu'il en fût passé acte à ses frais. » Il ajouta toutefois que « si les gens du curé venoient encore chez lui enlever son grain de force, il se défendroit quand lui et ses gens devroient périr. »

Cette observation n'émut pas beaucoup Carion. « Ce seroit, dit-il froidement, cinq têtes de moins et on n'y connoîtroit pas grand'chose dans la paroisse. » Pendant cet échange de paroles, Bijon dressait gravement son procès-verbal. Plus tard, on demanda à Diry ce qui avait été consigné. « Je ne me rappelle pas précisément du contenu, répondit-il, je crois cependant qu'on me fit demander pardon à Dieu, à la sainte Vierge, au Comité et au sieur curé. » Désireux d'en finir, il voulait verser tout de suite au notaire les frais de l'acte, mais celui-ci objecta « que ce n'étoit pas pressé. » Quand il réclama ultérieurement ses honoraires, Diry, qui avait réfléchi, refusa net de les payer[1].

L'empire que le curé exerçait sur sa bande était absolu. Il l'excitait ou l'apaisait à son gré. Le 15 avril 1790, à la suite d'une rixe, le domicile d'une dame Montcharmont avait été violé par plusieurs de ces tristes sujets, entre autres Lazare Ledey, et des menaces d'incendie avaient même été proférées. Un bourgeois de Grury, Jean-Marie Vaudelin, présent à cette scène, s'en indignait.

— Quelle vie menez-vous, s'écria-t-il? On est dans le cas d'écrire à Paris, et si on le fait, vous serez pris.

L'observation mit Ledey en fureur.

— B... de bourgois, répliqua-t-il, tu peux écrire à la nation, nous sommes les maîtres.

La dame Montcharmont se mourait de peur. Vaudelin l'accompagna chez le curé et insinua à ce dernier « que, quoique maire, ses pouvoirs étaient limités. »

— Il faut bien qu'il y ait une justice, répondit Carion, mais cependant je vais faire succéder le calme à l'orage.

« Effectivement, étant sorti, il fit un signe aux habitants, qui se retirèrent, et tout fut tranquille. »[2]

---

[1]. Inf. crim., dép. Diry, Picard, Bijon.
[2]. Inf. crim., dép. Caillery, Vaudelin.

II

Carion s'était mis en tête de faire d'Issy-l'Evêque une grande ville avec des rues spacieuses et des places rectilignes. Il avait fixé à dix-huit pieds minimum la largeur des voies publiques. Sa façon de procéder, plus rapide et infiniment moins coûteuse que les formes compliquées de l'expropriation, était d'une belle simplicité. Partout où la rue n'avait pas les dimensions voulues, la troupe au service du curé se transportait sur les lieux, précédée de l'éternel tambour. Quand le curé avait posé ses jalons, on prenait sur les propriétés riveraines le terrain qui manquait; s'il y avait des arbres ou des haies, on les arrachait; les murs eux-mêmes n'arrêtaient pas les opérateurs, et ils tombaient au son du tambour, comme jadis les murailles de Jéricho au bruit des trompettes.

L'exécution la plus remarquable en ce genre fut celle du 10 mars 1790. Il s'agissait d'élargir dans la traversée d'Issy-l'Evêque, le chemin conduisant de Toulon-sur-Arroux à Luzy. Actuellement ce chemin monte directement par la grande place et coupe la partie supérieure du bourg. Il en était autrement en 1790, à l'époque où Issy-l'Evêque avait encore son enceinte de fossés. Le chemin passait sous la porte du château qui subsiste, traversait la petite place de l'église, longeait à droite le mur de clôture de la maison Frapet, à gauche une brèche pratiquée dans l'enceinte du château, se faufilait entre diverses propriétés et rejoignait plus haut l'emplacement de la route actuelle. Ce parcours était assez tortueux. Carion résolut de le modifier, sous prétexte que l'étranglement du chemin avait causé un accident mortel vingt ans auparavant. Soixante journaliers se mirent à l'œuvre sous sa direction. Une douzaine de propriétés furent écornées; mais ce fut le jardin du fermier Aubry qui reçut la plus sérieuse atteinte. La bouchure fut arrachée et le terrain entamé sur une longueur de trois cents pieds et une largeur de six pieds. Rien n'était sacré pour les gens du curé; cinq ou six arbres fruitiers furent jetés bas, et une planche d'épinards ne fut pas davantage respectée.

Le notaire Frapet, sachant que son mur de clôture était également menacé, se promenait anxieusement dans le voisinage en compagnie de son beau-frère Antoine Compin[1], Carion, l'abordant, lui déclara qu'il ne pouvait plus contenir ses gens et que le mur allait être renversé. A force de prières Frapet obtint qu'il serait sursis à l'entreprise; mais un peu plus tard le curé fit battre

---

1. Antoine Compin, né à Grury le 3 juillet 1757, servit quelques années dans les gendarmes rouges, à Lunéville, et fut, de 1791 à 1792, membre de l'administration du département de Saône-et-Loire. Il fut, de 1823 à 1831, maire de Cressy-sur-Somme et y mourut le 7 mai 1838.

de nouveau la générale et commencer la démolition. Frapet réitéra ses instances, et Carion consentit à arrêter ses manœuvres, à condition que Frapet prit l'engagement de supprimer lui-même son mur. Un acte rédigé en double exemplaire et écrit de la main du curé constata l'accord intervenu. Aux termes de cette convention, Frapet s'obligeait « à faire démolir le mur du jardin qui existe et s'étend dans une partie des fossés du château et à le faire reconstruire à une telle distance que la rue ait dix-huit pieds dans sa largeur. » L'acte ajoutait : « Il commencera au plutôt. Et aura néantmoins le courant de juin pour le faire finir. En conséquence, moy Carion promet de ne le point faire démolir avant ledit temps, à condition toutes fois que le sieur Frapet n'attendra pas l'extrémité. »[1]

Ce ne fut pas la seule liberté que Carion prit vis-à-vis de la propriété. Il y avait un communal, appelé les Taupières, sur lequel le fermier du domaine de Roué[2] avait le droit de faire paitre son bétail. En novembre 1789, conformément à l'article 41 du règlement, le curé y fit creuser des fossés et l'amodia aux gens de sa troupe à des conditions très favorables. Divers particuliers, entre autres MM. Frapet, Mollerat, de Montchanin,

---

1. Inf. crim., dép. Aubry, Compin et autres. Voir également la cote intitulée : *Affaire particulière du s' Frappet, notaire à Issy-l'Évêque, démolition du mur de son jardin.*
2. Commune d'Issy-l'Évêque.

avaient la jouissance plus que trentenaire d'un autre canton dit les Grandes Bruyères. Carion s'en empara de même à main armée, divisa sa conquête à son gré et en annexa au domaine de la cure une partie qu'il amodia moyennant cent cinquante francs [1]. Un autre jour, il envoya ses hommes combler des fossés que M. Mollerat avait fait faire dans un de ses héritages, sous prétexte qu'ils nuisaient au chemin. [2]

Non content d'étendre la propriété territoriale de la commune, il essaya d'augmenter ses recettes en établissant des octrois, vingt sous par pièce de vin, trois livres par bœuf, quarante sous par vache, etc. Ces droits ne paraissent pas avoir été d'un rendement appréciable. Cependant il entra de ce chef quelque menue monnaie dans la caisse municipale. Un sieur Moine ayant reçu trois pièces de vin, le curé l'envoya chercher et lui fit payer trois livres [3]. Au mois de mars 1790, il finit même par affermer l'octroi à plusieurs de ses gens, moyennant une somme de cent cinquante francs, qui ne fut jamais versée. Il avait imaginé un autre expédient pour se procurer des fonds. S'appuyant sur ce que la dime ne recevait pas la destination voulue, il avait, dès le 11 octobre 1789, fait pratiquer une saisie-arrêt jusqu'à concurrence de huit cents livres entre les mains du sieur

---

1. Inf. crim., dép. Blondeau, Couland.
2. Ibid., dép. Aubry.
3. Ibid., dép. Moine, Couland, et interrogatoire.

Chanlon, fermier de l'évêque, qui était le principal décimateur. L'acte signifié par Toussaint Chavenard, « sergent de la ville d'Issy, » enjoignait à Chanlon « de compter ladite somme à la Saint-Martin prochaine entre les mains du Comité par provision et nonobstant tout appel ou opposition de la part de qui que ce soit. » Le Comité s'engageait, du reste, à lui donner « un reçu en bonne forme pour lui être passé à compte et diminué sur le prix du bail. »[1]

Qu'importait, en effet, à Carion le prix stipulé dans un bail ? Le dictateur n'avait cure des conventions privées. Un jour, il invita ce même Chanlon « à s'abstenir d'exiger des étrennes ni belles-mains de ses métayers sous peine d'être exposé à subir l'amende prononcée par la commune et d'encourir son indignation[2]. » On le vit à la même époque réduire sans autre forme de procès la location des moulins. L'Assemblée nationale, en supprimant les banalités, avait rendu à chacun le droit de faire moudre son grain là où il lui plairait. Carion estima que cette liberté avait des inconvénients, et il enjoignit à ses dociles administrés « d'aller moudre dans les moulins de la paroisse et non ailleurs. » En même temps, il notifiait au sieur Adrien Rousseau, meunier à Bauzot, que la commune n'entendait plus payer qu'une livre et demie de grain par

---

1. Inf. crim., dép. Vaudelin, et exploit de saisie-arrêt.
2. Ibid., Interrogatoire.

boisseau au lieu de deux livres, et que, la mouture étant ainsi diminuée d'un quart, le prix du bail du moulin serait réduit dans la même proportion.[1]

Ces abus d'autorité jetaient l'effroi dans le pays. Les partisans du curé ne cessaient, en outre, de proférer des menaces contre les propriétaires. L'ancien galérien Colas en voulait tout particulièrement à M. Mollerat. Il regrettait amèrement de n'avoir pas mis le feu au château de Serandoy, l'été précédent, « pendant que l'on parloit de brigands. » Ce qui le consolait un peu, c'était l'espoir de couper la tête à Mme Mollerat. « Sa hache étoit toute prête, » et il n'attendait qu'une occasion[2]. On devine l'émoi que causaient de tels propos. Tous les habitants qui ne s'étaient pas rangés du côté du curé vivaient dans des transes continuelles et craignaient à tout moment qu'on n'incendiât leurs demeures. Quand ils se plaignaient à Carion des violences de ses gens, le curé prenait la chose fort légèrement. « S'ils tuent quelqu'un, disait-il, on l'enterrera[3]. » Ces procédés n'étaient d'ailleurs que la stricte application du règlement. L'article 53 n'autorisait-il pas la commune à « mortifier et punir autant qu'il sera en elle » les citoyens coupables « d'indifférence et mauvaise volonté ? »

1. Inf. crim., exploit de notification.
2. Ibid., dép. Blondeau, Fourier.
3. Information par addition, dép. Blondeau.

Les sermons du curé n'étaient pas beaucoup plus rassurants que les propos de ses amis. Les préceptes évangéliques y tenaient peu de place, et la charité chrétienne les inspirait médiocrement. Quelques semaines après la promulgation de son règlement, Carion, faisant allusion aux décrets de l'Assemblée nationale, déclarait en chaire « qu'il ne craignoit pas les hommes, qu'il ne craignoit que Dieu et le Roy. » Il ne demandait même pas mieux que « d'avoir une affaire majeure avec l'Assemblée nationale, afin de faire voir à cette assemblée les torts qu'elle avoit », ajoutant que, « quand il devroit être pendu, il viendrait à bout de ses projets. »[1]

D'autres fois il insinuait aux laboureurs et locataires « qu'ils étoient les maîtres et que les propriétaires et fermiers ne pouvoient exiger d'eux que ce qu'ils voudroient bien leur donner. » Il rappelait également aux cultivateurs qu'ils devaient amener au grenier de subsistance la quantité de grain par lui fixée et que « ceux qui s'y refuseroient, il iroit les y contraindre avec sa troupe. »[2]

Quand divers témoins eurent été assignés, vers le 20 mars 1790, pour déposer contre lui, il n'en perdit pas son assurance. On ne devait pas s'effrayer, disait-il aux fidèles, « parce qu'on avait reçu quelques bouts de papiers qui étoient

1. Inf. crim., dép. Couland, J. Picard, Desnoyers.
2. Ibid., dép. Vaudelin, Mathieu.

de nouvelle création. » Il ne dépendait, en effet, ni des parlements, puisqu'il n'y en avait plus, ni des bailliages, auxquels les municipalités n'étaient nullement subordonnées. Il n'avait de compte à rendre qu'à l'Assemblée nationale et au roi, et il n'avait pas peur que l'une ou l'autre de ces autorités le condamnât. Il lut ensuite l'adresse de l'Assemblée aux provinces, œuvre de l'évêque d'Autun, et il appliqua à la municipalité dont il était le chef les compliments que l'Assemblée se décernait à elle-même. Puis, s'élevant contre les aristocrates du pays, il fit valoir qu'il avait le pouvoir en mains, qu'il était curé, maire et roi dans sa paroisse, qu'il avait de la poudre et des balles pour se défendre et saurait s'en servir. Il toucha aussi un mot des meurtres qui avaient été commis depuis la Révolution. Il n'y avait pas grand inconvénient, ajouta-t-il, à ce qu'il y eût quelques victimes du bien public; il était prêt lui-même à être une de ces victimes. Cependant, finissant mieux qu'il n'avait commencé, il conclut en exhortant le peuple à ne pas exercer de vengeance [1].

De telles prédications scandalisaient fortement le vicaire même de Carion, l'abbé Lardy [2], qui ne partageait nullement ses idées; mais le curé avait fait d'autres prosélytes. Ses actes et ses

1. Inf. crim., dép. Vaudelin, P.-J. Picard, Fourier.
2. Nommé vicaire vers le 1er juin 1788, il exerça ces fonctions jusqu'au 2 juin 1791.

paroles lui avaient acquis une extrême popularité. Les laboureurs approuvaient hautement sa conduite, « parce qu'ils y trouvoient leur avantage, étant ainsi dispensés de conduire les grains dans les endroits où leurs maîtres auroient voulu les livrer [1]. » D'autres poussaient des vivats en son honneur et répétaient avec enthousiasme que « s'il y avoit encore trois prêtres comme lui, ils suffiroient pour gouverner la France [2]. » Ces sympathies s'affirmèrent quand il s'agit de constituer la municipalité. Les décrets des 14 décembre 1789 et 2-3 février 1790, organisant le régime communal et supprimant expressément l'action des comités permanents, recevaient leur exécution. Le 7 mars 1790, Issy-l'Évêque procéda à ses élections municipales. Le curé fut élu maire par cent trente-trois voix sur cent quarante-trois votants. Le nouveau conseil ratifia toutes les délibérations dont il avait pris l'initiative, et Carion put croire que sa dictature allait se continuer sous le couvert de la légalité.

[1]. Inf. crim., dép. Daviot.
[2]. Ibid., dép. Vaudelin.

CHAPITRE III

Information criminelle au bailliage d'Autun.

I

Cependant la satisfaction n'était pas sans réserve. Des gens qui s'étaient mis d'abord à la remorque de Carion cherchaient à dégager leur responsabilité. Tour à tour les sieurs Bijon, Doret, Alexandre cadet, Jacques Couland, Philibert Lameloise, Louis Regnier, Léonard Pacaud, nommés membres de la municipalité, se démettaient de leurs fonctions, « ne voulant point concourir à la mauvaise conduite du curé », et, afin que celui-ci n'en ignorât, ils lui faisaient signifier leur démission par huissier. Carion ne prenait aucun souci de leur papier timbré ; et, sans se donner la peine de convoquer une assemblée, il les remplaçait de sa propre autorité. [3]

Ce n'étaient encore là que de légers nuages dans un ciel serein. Mais un orage se formait à l'horizon. Si les officiers municipaux, désillusionnés, se contentaient de se retirer, deux citoyens qui avaient eu tout particulièrement à se plaindre de Carion, MM. Mollerat et Frapet, se

---

1. Inf. crim., dép. Couland, Regnier.

déterminèrent à former une plainte. Atteints dans leurs droits de propriété, menacés dans leurs affections de famille, — car Mᵐᵉ Frapet avait dû se retirer avec ses enfants à Grury, « dans la crainte d'éprouver de mauvais traitements », et Mᵐᵉ Mollerat demeurait sous le coup des sinistres propos de l'ex-galérien Colas, — ils dénoncèrent au bailliage d'Autun les actes de violence et d'arbitraire dont le curé s'était rendu l'auteur ou l'instigateur. Leur plainte, datée du 18 mars 1790 et adressée au lieutenant général criminel, était ainsi conçue :

A Monsieur le lieutenant général criminel du bailliage d'Autun.

Supplient humblement Pierre Mollerat de Verprès, écuyer, seigneur de Serandey, demeurant ordinairement audit lieu de Serandey, paroisse d'Issy-l'Évêque, et Maître Michel Frapet, notaire royal audit lieu d'Issy-l'Évêque, et vous dénoncent le sieur François Carion, curé dudit lieu, comme un homme turbulent, ambitieux, entreprenant et coupable des vexations, violences et excès dont ils vont donner le détail.

Le vingt-sept septembre dernier, ledit sieur Carion indiqua une assemblée de ses paroissiens au dimanche quatre octobre suivant, à l'issue de la messe, à l'effet de prendre des mesures pour former un grenier de subsistance en faveur de la classe indigente du peuple. Tous les propriétaires et notables de la paroisse se trouvèrent à la messe paroissiale ledit jour pour à l'issue assister à l'assemblée ; mais le sieur curé déclara qu'il n'y en auroit point ce jour-là, parce que l'on s'occupoit déjà des moyens d'établir le grenier de subsistance.

Le même jour, quatre octobre, et à vêpres, où ne se trouva que la mineure partie des habitans, le curé indiqua une assemblée au mardi suivant six du mois pour l'établissement d'un comité. Il ne parut à cette assemblée illégalement convoquée que ceux sur qui il exerce un empire absolu.

Le sieur curé ouvrit l'assemblée du six octobre par la lecture d'un cahier qui a pour titre : *Formation du Comité et conseil d'administration de la ville et commune d'Issy-l'Évêque.* Cet ouvrage, qu'apporta le sieur Carion et qui est de sa composition, contient deux chapitres, l'un sous le titre de *Sûreté*, composé de trente-huit articles, et l'autre de *Subsistance*, composé de cinquante-trois articles. Par cette espèce de code, le sieur Carion s'attribue le pouvoir législatif, le pouvoir judiciaire et le pouvoir exécutif. Ce prétendu règlement porte atteinte aux droits de l'Assemblée nationale, aux ordonnances de nos rois, à l'autorité des cours et tribunaux de justice et à la liberté et propriété des citoyens. C'est à vrai dire l'inverse de toutes les opérations dont s'occupe l'Assemblée nationale; enfin c'est le code particulier d'une république imaginée par le sieur Carion. Établissement d'octrois et de corvées, peines d'amendes arbitraires, peines de prison, saisies-arrêts et confiscation de grains, malgré la libre circulation ordonnée par l'Assemblée nationale, destruction des murs de clôture, dévastation des héritages, extirpation des hayes vives et des arbres fruitiers, résiliation des baux à ferme quoique notariés, et proscription des clauses ordinaires dans lesdits baux, tel est en raccourci l'esprit du code et le résultat de ce despote.

C'est en conformité de cette espèce de code que le sieur Carion, président du Comité, et le seul qui agisse, s'est livré aux violences et voyes de fait ci-après :

1° Il a fait prendre par des gens armés et à différentes

fois chez plusieurs laboureurs de la paroisse une quantité considérable de grain qu'il a vendu au taux fixé par lui-même arbitrairement et il leur a retenu sur le prix de la vente telles sommes qu'il a voulu pour payer sa troupe armée; il a fait mesurer les grains à force ouverte et a obligé les cultivateurs à conduire les bleds sur ses greniers;

2° Au mépris du décret de l'Assemblée nationale qui ordonne la libre circulation des grains, et le lendemain même de la publication par lui faite de cette loi, il a fait arrêter des voitures de bled quoique escortées par des cavaliers de maréchaussée; il a engagé sa troupe armée à maltraiter ces cavaliers, qu'il s'est fait amener devant lui, et leur a défendu d'escorter par la suite aucun convoy de bled et de paroître sur la paroisse;

3° Il a confisqué les grains qu'il a fait arrêter, les a vendus et a gardé l'argent en poche; il a distribué les sacs de bled confisqué aux gens de sa troupe;

4° Il a fait saisir au corps différentes personnes au sortir de l'église; il en a fait venir devant lui, les a fait mettre à genoux et demander pardon, et pour augmenter l'infamie et transmettre cet acte de despotisme à la postérité, il en a fait dresser acte par-devant notaire;

5° Il s'est mis à la tête de sa troupe armée et est allé, tambour battant, dans les champs appelés les Grandes Bruères; il y a fait planter des bornes et s'est délivré à lui-même et de son autorité, moyennant cent cinquante livres par an, la partie de ces champs qu'il qualifie de commune, quoique possédée depuis longues années par différens particuliers;

6° Il a délivré par amodiation, moyennant deux cent soixante livres par an, aux gens de sa troupe armée une partie du communal du village d'Issy-l'Évêque appelé les Taupières;

7° Il a vendu en gros à des étrangers partie des bleds qu'il avoit fait arrêter et qu'il avoit confisqués;

8° Dans tous ses prônes, il a dit qu'il avoit des ordres pour agir comme il le faisoit, qu'il avoit la force en main, qu'on devoit lui obéir aveuglément, et que ceux qui ne lui obéiroient pas y seroient contraints par la force, et, adressant la parole à ses satellites, il leur disoit : « Obéissez-moi, je ne crains rien et vous n'avés rien à craindre, tant que je serai ici à votre tête; »

9° Il a écrit et dit publiquement en chaire que toutes conventions, même celles notariées, qui seroient contraires à son prétendu règlement, demeureroient annullées sans appel;

10° Enfin il a établi et perçu des octrois; il a établi, commandé et fait exécuter des corvées, s'est érigé en tribunal particulier, le tout au mépris des décrets de l'Assemblée nationale.

Tous ces faits sont notoires, et si la justice n'arrête pas la fougue de cet homme entreprenant et ambitieux, les propriétaires notables de la paroisse seront toujours exposés aux insultes, violences et vexations que ledit sieur Carion exerce avec audace. C'est pourquoi les suppliants vous dénoncent, Monsieur, ledit sieur Carion, pour qu'il plaise, à la requête de M. le procureur du Roi, informer des faits ci-dessus, déclarant qu'ils n'entendent point se rendre parties civiles, et joignant à la présente dénonciation l'expédition d'un acte reçu Gonon, du quatorze du courant, contenant dépôt fait ès mains dudit notaire d'une copie écrite de la main dudit sieur Carion du prétendu règlement ayant pour titre : *Formation d'un Comité et conseil d'administration des ville et commune d'Issy-l'Évêque*, et d'un billet écrit et signé par ledit sieur Carion : ledit extrait en vingt rolles et la minute signée Gonon, notaire.

Et ont lesdits sieurs Mollerat et Frapet signé le 18 mars 1790.

Signé : Mollerat de Verprès et Frapet.

Si Carion s'était borné à brutaliser quelque citoyen ou à saccager quelque propriété, il s'en serait tiré, sans doute, à bon compte. On n'y regardait pas de très près à cette époque, et le gouvernement avait des trésors d'indulgence pour les attentats qu'il était impuissant à réprimer. Mais le curé d'Issy-l'Évêque avait donné à ses violences une apparence légale; il s'était plu à en dresser procès-verbal; il les avait fait constater par des exploits d'huissier ou des actes notariés, comme s'il importait d'en garder minute. Ce respect superstitieux des formes le perdit. Les plaignants, munis de pièces authentiques, avaient la partie belle, et leur preuve se trouvait à peu près faite à l'heure même où ils dénonçaient les faits.

Le lieutenant criminel était alors Étienne-Anne Serpillon[1]. Il avait succédé vingt-cinq ans auparavant à son père, François Serpillon, qui avait exercé les mêmes fonctions pendant quarante-trois ans et à qui son *Code criminel ou commentaire sur l'Ordonnance de 1670* a valu une certaine réputation. Il jouissait à un haut degré de la confiance publique. L'année précédente, au moment de la convocation des États généraux, il

---

1. Étienne-Anne Serpillon, né en 1739, fut pourvu, le 5 juin 1765, de l'office de lieutenant général criminel au bailliage, chancellerie et siège présidial d'Autun. Il fut élu, le 11 novembre 1790, officier municipal. Arrêté comme suspect en 1794, il passa quelques mois aux Ursulines de Mâcon. Son fils, Nicolas Serpillon, fut député de la circonscription d'Autun de 1823 à 1827.

avait été élu le premier des douze députés choisis par la ville d'Autun pour la représenter aux assemblées préliminaires, et le premier aussi des dix-huit commissaires chargés de réunir en une seule rédaction tous les cahiers particuliers des doléances. Le jour même où MM. Mollerat et Frapet signèrent et déposèrent leur dénonciation entre ses mains, il la communiqua au parquet. Un réquisitoire afin d'informer fut dressé sur le champ par M. Godillot, avocat du roi [1], « agissant pour le procureur du roi absent [2] », et sans autre délai, le lieutenant criminel commit un huissier pour assigner les témoins. Rarement la justice, réputée boiteuse, avait marché d'une allure aussi rapide. Le 22 mars, les premiers témoins se présentèrent au bailliage [3]. L'audition se pour-

1. Bernard-François Godillot, fils de François et de Claudine Lhomme, pourvu en 1766 de l'office d'avocat du roi au bailliage d'Autun en remplacement de son père.
2. François-Germain Guillemain du Pavillon et d'Echon, écuyer, né le 11 mai 1757, à Corbigny (Nièvre), avocat au parlement de Bourgogne en 1778, fut pourvu, dans les derniers mois de 1788, de la charge de procureur du roi près le bailliage et présidial d'Autun. Membre de la chambre de la noblesse des quatre bailliages, il fut élu en avril 1789, un des huit commissaires chargés de la rédaction du cahier de l'ordre. Il cessa ses fonctions de procureur du roi à la fin de 1790, lors de la suppression des bailliages. Après la Révolution, il fut nommé juge de paix à Corbigny où il mourut le 3 mai 1838.
3. Cet édifice, commencé en 1701, occupait l'emplacement du palais de justice actuel. Le personnel du bailliage était composé en 1789 comme il suit : M. le comte de Grammont, lieutenant général des armées du roi, grand bailli d'épée ; M. de Fontenay de Sommant, lieutenant général honoraire ; M. Serpillon, lieutenant général criminel ; M. Pigenat, lieutenant particulier, assesseur criminel ; MM. Raffatin, Abord, Baudrion, Nuguet, conseillers ; M. Clergier, sous-doyen de l'église cathédrale de Troyes, conseiller clerc ;

suivit jusqu'au 28 et selon les formes nouvelles prescrites par le décret du 3 novembre 1789, c'est-à-dire en présence de deux adjoints choisis sur une liste de notables dressée par la municipalité. Ces adjoints entendaient les témoins et avaient le droit de faire au juge les observations qui leur semblaient utiles tant à charge qu'à décharge. Aussitôt que le prévenu avait comparu ou s'était constitué prisonnier, leur assistance prenait fin; mais l'instruction était faite publiquement, les portes demeurant ouvertes. Les deux adjoints qui siégeaient au début de l'information dirigée contre Carion étaient Jean Colas, bourgeois, et Jean-Baptiste Garnier, commissaire feudiste [1]. Cinquante dépositions furent recueillies par le lieutenant criminel, assisté du commis greffier Amand Fragnière. Le procès-verbal ne couvrit pas moins de deux cent soixante-quatre feuillets et il établit avec une irrécusable évidence la réalité de tous les griefs allégués contre l'inculpé.

M. Guillemain du Pavillon, procureur du roi; M. Godillot, avocat du roi; M. Fragnière greffier. Les offices de lieutenant général et de lieutenant particulier étaient vacants par suite de la mort des titulaires.

1. Né en 1758, et mort à Autun, le 29 janvier 1847. Il fut arrêté comme suspect en 1793 et interné à Mâcon.

II

En présence des charges résultant de la procédure, le procureur du roi requit, le 27 mars, un décret de prise de corps contre Carion et ses deux complices, Ledey et Colas. Il ne sembla pas aux magistrats du bailliage que cette mesure rigoureuse fût absolument nécessaire. Un jugement rendu le 5 avril par MM. Serpillon, lieutenant général criminel, Pigenat[1], lieutenant particulier assesseur criminel, et Baudrion[2], conseiller, décréta simplement Carion d'ajournement personnel. Aux termes de cette sentence, le curé d'Issy-l'Évêque était accusé :

D'avoir fait et publié en chaire un règlement dont plusieurs articles, contraires au décret de l'Assemblée nationale sanctionné par le roy, sont attentatoires à la liberté, à la sûreté et à la propriété des citoyens, et, pour en pro-

---

1. Jean-Baptiste-Lazare Pigenat, né vers 1732 à Autun, fils de Lazare, écuyer, garde du corps du roi et capitaine d'infanterie, fut pourvu en 1761 de l'office de lieutenant particulier assesseur criminel au bailliage d'Autun. Il fut élu, en mars 1789, le deuxième des députés de la ville d'Autun et le deuxième également des commissaires chargés de la rédaction du cahier général des doléances. Élu en 1790 membre de l'administration départementale, arrêté comme suspect en 1793, il mourut le 21 mars 1799.

2. Lazare Baudrion, fils de François, juge garde-marteau de la maîtrise des eaux et forêts d'Autun, et de Reine d'Esparcilly, fut pourvu en 1766 de l'office de lieutenant particulier, et plus tard d'un siège de conseiller au bailliage d'Autun. On l'arrêta également en 1794, comme « père d'émigré » et partant suspect.

curer l'exécution, de s'être arrogé les fonctions des pouvoirs exécutif et judiciaire; de s'être opposé à la libre circulation des grains et à leur sortie de la paroisse; d'avoir concouru par ses démarches et discours en public, même en chaire, à plusieurs actes d'autorité arbitraire, voyes de fait sur les personnes et les propriétés; d'avoir, par une semblable conduite, répandu l'allarme tant dans sa paroisse que dans les voisines, et occasionné des insurrections répréhensibles parmi les gens de campagne.....

L'exécution du décret d'ajournement personnel fut suspendue, « attendu les circonstances des solemnités des fêtes de Pasques. » Elle eut lieu seulement le 11 avril par le ministère de l'huissier Bijon. La signification contenait assignation à huitaine, c'est-à-dire au 20 avril, en la chambre criminelle, « pour répondre sur les charges résultant de l'information »; mais, dans l'intervalle, l'inculpé trouva moyen de commettre de nouvelles infractions aux lois.

Aux termes de l'ordonnance de 1670 (titre XI, art. 10), tout décret d'ajournement personnel emportait de plein droit interdiction de toutes les fonctions civiles. Carion, sans se préoccuper de cette prohibition, continua tranquillement l'exercice de ses fonctions de maire, signant des lettres et convoquant des assemblées en cette qualité[1]. Il fit plus; il assista, le 15 avril, à l'assemblée primaire de son canton, qui réunissait les citoyens actifs des municipalités et paroisses d'Issy-

---

1. Inf. crim., dép. Frapet.

l'Évêque, Grury, Sainte-Radegonde, Cuzy, Marly et Cressy. L'objet en était fort intéressant. Il s'agissait d'appliquer pour la première fois la nouvelle organisation électorale du royaume établie par le décret du 8 janvier 1790, relatif à la constitution des assemblées primaires et administratives, et par celui du 4 mars, relatif à la division de la France en quatre-vingt-trois départements. L'assemblée primaire avait pour mission de nommer des électeurs à raison d'un pour cent citoyens actifs. Ces électeurs réunis ensuite à Mâcon devaient déterminer le chef-lieu du département[1] et élire les membres de l'administration départementale[2]. Carion vit encore là un rôle à jouer. Il accepta la présidence de l'assemblée primaire, tenue dans l'église même d'Issy-l'Évêque, et se laissa nommer électeur par trois cent trente et un suffrages. Le 19 avril, n'oubliant pas son ajournement, il fit signifier au procureur

---

1. On sait que l'assemblée électorale tenue, le 21 avril 1790, à Mâcon, décida, à la pluralité des suffrages, que le chef-lieu du département serait Chalon-sur-Saône. Ce fut seulement à une assemblée ultérieure et à la suite d'un décret du 28 mai 1790 que la question fut définitivement tranchée en faveur de Mâcon.

2. Ces membres étaient au nombre de trente-six renouvelables tous les deux ans. L'assemblée se divisait en Conseil et en Directoire. Le Conseil, qui était le corps délibérant, tenait une session annuelle d'un mois; le Directoire, composé de huit membres, était le corps exécutif et restait en permanence pour l'expédition des affaires. Un procureur général syndic et un secrétaire étaient attachés à l'administration. La première élection eut lieu le 22 avril 1790; la première séance de la nouvelle assemblée fut tenue le 1ᵉʳ juin, et, dans celle du 3 juillet, il fut procédé à la désignation des membres du Directoire.

du roi un extrait du procès-verbal des opérations électorales avec la mention suivante : « Observé à M. le procureur du Roy que des esprits mal intentionnés et opposés au bien publique cherchent à le dénigrer dans l'esprit de ses paroissiens, et leur intrigue a donné lieu à une information de la part du ministère public. Le sʳ Carion ne sera pas embarrassé de se justifier devant qui il appartiendra lorsqu'il en sera tenu. » Et il constatait qu'étant obligé de se rendre à Mâcon le 21 pour siéger à l'assemblée électorale, il ne pouvait se présenter le 20 devant le lieutenant criminel, « sans quoi il manqueroit à la confiance de ses commettants. »

Le procureur du roi s'empressa de signaler à son collègue de Mâcon, M. Jean-Baptiste-Valentin Siraudin, la situation de l'inculpé, et l'invita à communiquer les pièces de l'affaire au président de l'assemblée électorale, qui était M. Potignon de Montmégin [1], « avec l'espérance qu'en rejettant de son sein un membre qui vouloit s'y introduire au mépris des loix, l'assemblée rendroit un hommage authentique au respect dû aux lois et

---

[1]. Louis Potignon de Montmégin habitait Brian, canton de Semur-en-Brionnais. Il était très versé dans toutes les questions d'histoire et de généalogie. Au cours de son voyage en Bourgogne, en 1777, Courtépée le visita : « Depuis vingt ans, dit-il, ce laborieux bourgeois s'occupe à copier les vieux titres ; il a presque toutes les familles nobles du Brionois et du Charolois...; il s'est justement acquis la réputation du plus honnête homme du pays, du plus obligeant comme du plus instruit... » (*Mémoires de la Société Éduenne*, t. XXIII, p. 81.)

donneroit une leçon éclatante de l'obéissance
due aux tribunaux, qui en sont les organes. » Il
n'avait pas trop présumé des dispositions de
l'assemblée. Quand l'un des commissaires chargés de la vérification des pouvoirs eut donné
connaissance des faits, Carion monta à la tribune, soutint qu'il était innocent des délits à lui
imputés et prétendit « qu'ayant été jugé capable
par l'assemblée primaire de son canton, il ne
pouvoit pas être rejetté par l'assemblée. » Mais
le vote lui donna tort, et il fut décidé à l'unanimité des voix par les sept cents électeurs présents « qu'il ne seroit pas admis dans l'assemblée
jusqu'à ce qu'il ait obtenu un jugement qui le
décharge de l'accusation. » On le pria de sortir
aussitôt.

Carion n'avait plus qu'à s'exécuter. Une ordonnance de M. Serpillon, rendue à sa requête, fixa
son interrogatoire au 26 avril. L'inculpé comparut ce jour-là en la chambre criminelle et
choisit pour conseils Me Antoine Lambert, procureur au bailliage[1], et Me Jean-Baptiste Lambert,
notaire.[2]

---

1. Il exerça le ministère d'avoué près le tribunal d'Autun jusqu'en 1810. Sous la Terreur, il fut arrêté comme suspect.

2. Jean-Baptiste Lambert, né en 1755, notaire en 1776, fut élu en mai 1790 officier municipal, devint administrateur, puis procureur syndic du district. Un arrêté du représentant Chambon, en date du 1er octobre 1793, le destitua de ces dernières fonctions. Il avait été incarcéré dès le 19 septembre, à raison de ses relations avec André Merle, procureur général syndic du département, inculpé de fédéralisme. Traduit devant le tribunal révolutionnaire, il fut condamné à

L'interrogatoire se continua les 27, 28 et 29 avril. Questionné sur les divers griefs établis par l'information, Carion nia les uns et expliqua les autres à sa façon. Et comme on lui opposait son règlement, « ce n'est, dit-il, qu'un projet informe qui luy a été volé chez luy et qui n'est point conforme à celui délibéré le 6 octobre et envoyé à M. l'intendant. »[1]

Interrogé s'il n'a pas conservé un double du règlement envoyé à M. l'Intendant, signé de luy et des autres officiers du Comité.

Répond qu'il ignore s'il en a conservé un.

Interpellé de nous répondre précisément par oui ou par non;

A répondu « Je ne sçais pas si j'en ai un. »

A luy remontré qu'il faut bien qu'il ait conservé la minute du règlement, puisqu'il l'a publié dans son église

---

mort le 12 pluviôse an II (31 janvier 1794), comme ayant été convaincu « d'avoir été l'un des auteurs ou complices d'une conspiration qui a existé contre l'unité, l'indivisibilité de la république, la liberté et la souveraineté du peuple français, notamment en protégeant ouvertement les gens suspects et les prêtres perturbateurs ; en tenant des propos et entretenant avec des fédéralistes condamnés des correspondances contenant des provocations au mépris, à la haine et à la dissolution de la représentation nationale ; en provoquant les fureurs contre les patriotes sous les noms de scélérats, d'anarchistes, et contre les représentants du peuple délégués dans les départements, en disant qu'ils avoient le pouvoir de faire tuer arbitrairement ; en appelant dans le district d'Autun des conspirateurs pour y former et fortifier la coalition liberticide ; enfin en distribuant et faisant afficher les placards liberticides des rebelles de Lyon. » Au fond, le crime de Lambert était de s'être énergiquement opposé à la dévastation de la cathédrale d'Autun, entreprise par le conseil général de la commune.

1. Inf. crim., interrogatoire.

en chaire, et annoncé hautement qu'il vouloit qu'il fût exécuté;

Répond qu'il l'a publié par délibération du Comité avant de l'avoir envoyé à M. l'intendant.

C'est, en effet, le Comité qui est toujours en jeu. Quand on parle à l'inculpé des marchés qu'il a établis :

Répond que la commune n'a point entendu créer de nouveaux marchés, mais seulement renouveler ceux qui y étaient déjà établis.

Et les foires ?

Répond que le Comité et la commune ont cru pouvoir rétablir les foires qui étoient autorisées par l'ancien terrier et qui avoient cessé d'avoir lieu sans qu'il y eût eu de défenses de les tenir.

L'immixtion de Carion dans les conventions privées est l'objet d'autres questions. N'avait-il pas invité le sieur Chanlon « à s'abstenir d'exiger des étrennes et des belles-mains de ses métayers sous peine de s'exposer à subir l'amende prononcée par la commune et d'encourir son indignation? » Ce n'était qu'une « invitation », réplique l'inculpé, qui saisit le mot au vol; mais le magistrat ne l'entend pas ainsi :

A luy représenté que cette invitation étoit bien redoutable à tous les gens de bien, attendu les violences exercées par les gens dont il se sert, notamment par le sieur Ledey, connu dans la paroisse pour un mauvais sujet à qui son frère, homme honnête, a dit qu'il se feroit pendre, et Colas, connu sous le nom d'ancien galérien, parce qu'il a subi cette peine.

La violation la plus flagrante de la loi, c'est l'entreprise sur les propriétés particulières, l'arrachage des haies.

A luy remontré que la municipalité ne pouvoit pas l'autoriser à se mettre à la tête de cinquante ou soixante manœuvres ou laboureurs sans propriétés et battant la générale avec une caisse, de planter luy-même des jalons et de faire arracher par ses gens les plants, bouchures et clôtures de dix à douze particuliers.

Répond qu'il n'a fait qu'exécuter ce qui lui étoit recommandé par la municipalité et la commune, que la générale n'a battu que pour faire assembler les ouvriers, et qu'il ne s'est trouvé là que pour empêcher le désordre et faire exécuter ce qui étoit juste.

A luy remontré qu'il ne pouvoit luy paraître juste de dévaster les héritages les plus précieux et ce sans formalité de justice.....

Interrogé sur l'occupation des Bruyères, dont les sieurs de Montchanin et autres jouissaient depuis plus de trente ans :

Répond qu'une possession, quelque longue qu'elle soit, ne change pas son origine.....

A luy remontré qu'il nous dit là d'étranges maximes sur les propriétés; qu'il doit sçavoir qu'il suffit à quelqu'un d'avoir joui d'un terrain quelconque pendant un an pour qu'on ne puisse le déposséder sans se pourvoir en justice.

Et le lieutenant criminel rappelle l'emploi de la force, la troupe armée, le tambour, l'amodiation.

Répond qu'il s'est transporté sur ce terrain sans tambour; qu'il y a fait planter des bornes pour connaître sa contenue, mais qu'il ne l'a pas fait diviser par canton ; que la municipalité a ensuite amodié ce canton à un nommé Deroche, métayer, 150 livres.

A luy remontré que c'est l'accusé luy-même qui s'est emparé de ce terrain et l'a amodié, en effet, au nommé Deroche, qui est son propre cultivateur.

Répond que Deroche est, en effet, le métayer de l'accusé et que le terrein luy a été délivré par la municipalité, parce qu'il a été le dernier appréciateur.

La prise de possession des Taupières provoque de la part du lieutenant criminel des observations analogues :

A luy remontré que ce n'est pas moins sans le consentement des propriétaires qu'il s'en est emparé ; que rien ne peut autoriser la conduite inconcevable qu'il a tenue dans ces occasions ; qu'il est inouï jusqu'à ce jour et qu'il étoit réservé à ce tems de désordre de voir un curé à la tête de cinquante ou soixante particuliers sans propriété, faisant battre la générale, s'emparer ou dévaster les héritages de ses paroissiens.

Répond qu'avant l'heureuse révolution que nous avons éprouvée, les prêtres n'ayant pas le droit de citoyen, il n'avoit pu s'entremettre dans les affaires temporelles de sa paroisse ; mais qu'étant devenu citoyen actif, il a pu accepter une place de président du Comité, de chef de la municipalité, et se livrer à son inclination de faire le bien de ses paroissiens.

Ces explications ne satisfont nullement M. Serpillon, et il insiste :

A luy remontré que sa conduite, dont nous luy avons tracé le tableau d'après l'information, a répandu la consternation et l'allarme, non seulement dans sa paroisse, mais encore dans une partie de la province; qu'il ne doit pas ignorer qu'il est accusé par la clameur publique d'être l'auteur de l'insurrection de plusieurs campagnes.

Répond qu'il a paré, autant qu'il a été possible, à tous les désordres qui auroient pu survenir dans la paroisse, et qu'elle a toujours été tranquille; qu'il n'a eu aucune part aux insurrections survenues dans les communes voisines.

A luy remontré qu'il aura peine à convaincre de ce qu'il vient de nous dire; qu'il est accusé, dans tout le cours de l'information, au lieu d'inspirer dans ses prônes à ses paroissiens l'amour de l'ordre, le respect pour les loix et les propriétés, les principes d'une saine morale si nécessaires dans les tems où nous sommes, de n'avoir cherché qu'à les échauffer et les agiter; qu'il a préféré d'acquérir par sa conduite et ses discours une célébrité si funeste que les perturbateurs du repos public se sont autorisés de ses avis, qu'ils venoient lui demander.....

Un dernier chef d'inculpation consistait en ce que Carion avait, au mépris de l'ajournement personnel, continué l'exercice de ses fonctions.

A luy remontré qu'une infraction aussi marquée mériteroit encore que nous déployassions contre luy toute la rigueur des loix; mais que nous voulons bien user d'indulgence à son égard et luy enjoindre seulement de s'abstenir, jusqu'à ce qu'il en ait été autrement ordonné, de toutes fonctions civiles et ecclésiastiques, sous peine d'être le décret d'ajournement personnel converti en décret de prise de corps; mais que nous ne pouvons trop luy recommander en même tems d'observer la conduite la plus circonspecte pendant l'instruction de son procès, d'user de la confiance qu'a en luy son état-major pour l'engager à ne plus mettre le trouble et la désolation dans le pays, sous peine d'être luy-mêmo responsable des désordres qu'il pourroit commettre.

La conduite la plus circonspecte ! Ce fut le dernier mot du lieutenant criminel. L'avis était sage ; mais Carion l'oublia bien vite, ainsi que l'établit la suite de la procédure.

Quelles que fussent ses protestations, un document l'accablait : c'était son fameux règlement. M. Mollerat s'en était procuré un double, écrit de la main de Carion et oublié parlui sur son bureau municipal. Il en avait fait le dépôt, le 14 mars, en l'étude de M° Edme-Joachim Gonon, notaire à Autun, qui en avait dressé acte. Le 29 avril, jour où fut clos l'interrogatoire, une ordonnance rendue sur les conclusions de l'avocat du roi Godillot prescrivit la saisie de cet écrit et son dépôt au greffe pour être annexé à la procédure. Aucune pièce à conviction ne pouvait être plus probante.

Le 7 mai, le procureur du roi, dressant son réquisitoire, caractérisa légalement les faits dans les termes suivants :

Il résulte de la procédure que le sieur Carion est accusé d'avoir fait, lu et publié, et fait exécuter en tout ou en partie un règlement par lequel, après s'être arrogé le pouvoir de faire des loix, il s'établit chef d'un tribunal qu'il compose de gens qui lui sont dévoués et auquel il attribue le droit de faire exécuter même souverainement ces prétendues loix; d'avoir par ce règlement arrogé à ce tribunal le pouvoir de juger les contraventions qui y seroient faites et les contestations auxquelles il pourroit donner lieu; d'avoir par plusieurs articles prononcé amendes, confiscations et peines corporelles contre les contrevenants; d'avoir notamment par le dernier article de ce règlement prononcé des imprécations et jusqu'à la proscription contre ceux qui refuseroient de reconnoître l'autorité de ces loix et du tribunal de qui elles émanoient.

Le sieur Carion est de plus accusé d'avoir, en exécution de son règlement et au mépris des décrets de l'Assemblée nationale, fait arrêter à différentes fois du bled sur les chemins; d'avoir fait ou souffert qu'on maltraitât les cavaliers de la maréchaussée de Toulon qui en escortoient un convoy, laquelle violence étoit autorisée par l'art. 8 du règlement; d'avoir fait enlever de force du bled chez des particuliers; de l'avoir fait vendre au prix qu'il lui plaisoit d'y fixer, et souvent d'en avoir retenu le prix; d'avoir ordonné et fait exécuter des corvées quoique supprimées par les décrets de l'Assemblée nationale; d'avoir affranchi de la bannalité des moulins; d'avoir fait des actes de justice en conséquence, et néantmoins d'avoir assujetti à ne moudre que dans les moulins qu'il indiquoit; de s'être emparé à force ouverte, d'avoir amodié des terreins possédés par des particuliers; d'avoir abusé de l'autorité qu'il avoit usurpée pour dévaster les héritages, en détruire les murs et clôtures, sous prétexte d'agrandir les chemins et les places, même au mépris des loix de l'Assemblée nationale qui deffendent d'attenter aux propriétés sans une nécessité constatée et une juste et préalable indemnité; d'avoir annulé les conventions faites entre particuliers sous la protection des loix, quoique consignées dans des actes notariés : tous lesquels abus d'autorité sont l'exécution des différends articles du règlement auquel ils ont rapport.

Il résulte, en outre, que le sieur Carion est accusé

d'avoir proféré publiquement et en chaire des discours séditieux tendant à faire méconnoître au peuple l'autorité des loix, à l'armer contre le pouvoir des tribunaux qui voudroient réprimer ses entreprises; d'avoir par sa conduite et les insurrections qu'elle a occasionnées jeté l'allarme dans les environs et fait craindre un soulèvement général des habitants de la campagne; sans aucune mission légale, avoir fait des loix, avoir abusé de ce pouvoir usurpé pour en créer qui fussent capables non de contenir les peuples en leur représentant leurs devoirs, mais de les porter à la révolte en rompant les liens de subordination qui soumettent le citoyen aux loix et des conventions qui les unissent entre eux; avoir fait exécuter ces loix prétendues à main armée; s'être érigé en juge souverain des contestations qu'elles faisoient naître et des contraventions qui pourroient y être faites; avoir donné la sanction la plus authentique à ces loix en les publiant en chaire, en prononçant des imprécations et la proscription contre ceux qui refuseroient de s'y soumettre.

Tel est le délit qui résulte des différents chefs d'accusation recueillis dans la procédure. Cet attentat contre les droits du Corps législatif, cet abus vexatoire de la puissance exécutrice, cette usurpation des fonctions des tribunaux judiciaires, cette cumulation monstrueuse, cet abus effrayant de tous les pouvoirs impriment à ce délit le caractère de délit public qui caractérise le crime de lèze-nation.

Au terme de cet exposé, le procureur du roi, considérant que les magistrats du bailliage avaient « consommé la mesure du pouvoir qui leur était délégué », les requit de se déclarer incompétents et de renvoyer l'accusation devant les juges qui devaient en connaître, c'est-à-dire devant le Châtelet de Paris. Une ordonnance conforme fut rendue, le 8 mai, par le lieutenant criminel, et le sort de la poursuite se trouva définitivement fixé.

CHAPITRE IV

Prise de corps.

I

Lèse-nation! la qualification était solennelle, mais terriblement vague. Sous ce vocable d'une inquiétante élasticité, on rangeait tous les délits non définis qui semblaient de nature à compromettre la sûreté de l'État. Les passions politiques, les aveugles méfiances en avaient multiplié les cas. Par une étrange assimilation, les faits dont le curé d'Issy-l'Évêque s'était rendu l'auteur le soumettaient à la même accusation que le prince de Lambesc pour avoir sabré le peuple aux Tuileries, ou le baron de Besenval pour avoir rassemblé des troupes autour de Versailles, ou encore le marquis de Favras pour avoir conçu le projet d'enlever le roi.

Une juridiction spéciale était réservée aux crimes de ce genre : c'était le Châtelet, la vieille justice de la Ville et Prévôté de Paris, qui tirait son nom de l'antique forteresse où elle siégeait. Sa compétence avait été proclamée au lendemain de l'insurrection des 5 et 6 octobre. L'Assemblée nationale tenait, le 19 du même mois, sa première séance à Paris. Les craintes de famine, exploitées par des meneurs, troublaient la population. Le 21, sous prétexte d'accaparement, le boulanger François fut pendu à une lanterne, presque à la porte de l'Archevêché où l'Assemblée siégeait alors, et des scélérats promenèrent sa tête au bout d'une pique. Des mesures énergiques s'imposaient. Le jour même, quand Barnave eut demandé une loi martiale, Buzot proposa de créer un tribunal qui jugerait les crimes de lèse-nation et qui serait pris dans le sein de l'Assemblée. Robespierre l'appuya vivement. « La nation, dit-il, n'a que ses représentants ou elle-même pour juger cette espèce de crime. »

Le député de l'Artois songeait déjà au tribunal révolutionnaire, dont il devait être, moins de quatre ans après, l'instigateur et le pourvoyeur ; mais Adrien du Port fit écarter cette idée néfaste : « Le tribunal, conclut-il, ne peut être composé des membres de cette assemblée, et vous ne pouvez le former à demeure que quand vous aurez créé tous les tribunaux. Chargez provisoirement le Châtelet de juger les crimes de lèse-nation avec les adjoints qui lui ont été donnés. Ce tribunal a déjà toute la dignité de la vertu, toute la force que donne la confiance du peuple... » Divers amendements furent discutés, et, à la fin de la séance, l'Assemblée décréta que « provisoirement le Châtelet de Paris serait autorisé à juger tous les prévenus et accusés de crime de lèse-nation. »[1]

La sentence qui renvoyait Carion devant cette juridiction mettait fin à la procédure suivie au bailliage. Le curé d'Issy-l'Évêque, que rien ne retenait plus à Autun, regagna sa paroisse. Sa rentrée fut triomphale. Dans la soirée du 11 mai, aussitôt que sa présence eût été signalée, les cloches sonnèrent à toute volée, et plusieurs coups de fusil, qualifiés même d'artillerie par un témoin, manifestèrent bruyamment l'allégresse universelle. Les partisans du curé coururent au presbytère. « Il faut savoir, leur dit Carion, très animé, lequel du sieur Frapet ou de moi remportera la victoire. » Les hostilités s'engagèrent sans tarder. Ce ne fut pas le lendemain toutefois, veille de l'Ascension, car à l'occasion de la fête, le curé fit une procession. Mais à la messe paroissiale du 13, il annonça qu'une assemblée communale serait tenue le 16. Elle eut lieu effectivement, et, si l'on ajoute foi au procès-verbal, il fut décidé, sur les réquisitions du sieur Claude Radet, procu-

[1]. Monit. univ. du 20-22 octobre 1789, t. II, p. 77.

reur de la commune, « que le sʳ Frapet sera somé de démolir son mur dans le courant de trois jours après la signification ; dans le cas où ledit sʳ Frapet ne s'exécutera pas lui-même, après les trois jours, le mur sera démoli par l'autorité de la municipalité. »

Il est bon d'indiquer comment cette délibération fut prise. On s'était réuni chez Carion, qui n'avait pas daigné faire connaître l'objet de l'assemblée. Le curé rédigea sans mot dire la délibération et en donna lecture aux assistants avec une telle rapidité que plusieurs n'en saisirent point la portée. Jean Jeannin, l'un d'eux, déclara dans l'instruction qu'il n'y avait absolument rien compris et n'avait su qu'après ce dont il s'agissait. Un autre témoin, Lazare Henriot, avait encore de meilleures raisons pour n'y rien entendre : il était sourd. Quand la lecture eut été achevée, Carion s'abstint de prendre l'avis des personnes présentes et se borna à recueillir quelques signatures. Le rôle du procureur de la commune paraît avoir été fort effacé. En tous cas ses réquisitions, s'il en prit, furent certainement orales, car cet important personnage ne savait ni lire ni écrire.

On a vu que le curé d'Issy-l'Évêque était très formaliste. Le 17 mai, une copie de la délibération, écrite par lui-même, fut signifiée à M. Frapet, qui protesta vainement en se fondant sur l'article 17 de la Déclaration des droits de l'homme concernant l'inviolabilité de la propriété. Le 22, l'exécution eut lieu. Dès trois heures du matin, la générale appela les amis du curé, et le mur commença bientôt à tomber sous leurs coups. Mougneret, Colas et Ledey se distinguaient par leur ardeur. Carion vint contrôler le travail. Debout sur la brèche du château, qui dominait le jardin Frapet, il regardait les ouvriers. « Ce spectacle paraissait l'amuser, et il se retira en se frottant les mains avec un air de satisfaction. » Les deux tiers des pierres arrachées furent employées, parait-il, à paver la rue.[1]

L'obstination de Carion n'était pas de nature à améliorer sa cause. La conduite qu'il tenait depuis huit mois avait fait du bruit, et l'Assemblée nationale en fut elle-même saisie. Déjà son attention était appelée sur la région. Le 2 juin, Target présentait, au nom du Comité des recherches[2], un rapport sur des soulèvements populaires[3]. La situation était alarmante. Des « brigands » s'étaient répandus dans les campagnes, et ils investissaient la ville de Decize. Une émeute ensanglantait Saint-Pierre-le-Moutier; la loi martiale était publiée; le drapeau rouge, signe

---

1. Inf. crim. par addition, dép. Frapet, Jeannin, Henriot, Blondeau et autres.

2. Ce Comité, créé le 28 juillet 1789, sur la proposition d'Adrien du Port, se composait de douze membres renouvelés par moitié tous les mois. Il avait pour mission de recevoir les informations venues de tous les points du territoire sur les personnes suspectes, de centraliser les délations et de les faire parvenir aux tribunaux compétents.

3. Mon. univ. du 4 juin 1790, t. IV, p. 539.

du déploiement de la force militaire pour le rétablissement de l'ordre, flottait dans les rues. L'Assemblée, qui ne manquait jamais une occasion de légiférer, rendit sans désemparer un décret déclarant « ennemis de la Constitution, des travaux de l'Assemblée nationale, de la nation et du roi, tous ceux qui excitent le peuple des villes et campagnes à des voies de fait et violences contre les propriétés, possessions et clôtures des héritages..., la liberté de vente et de circulation des denrées et subsistances...; tous ceux qui excitent le peuple à entreprendre sur le pouvoir législatif des représentants de la nation en proposant des règlements quelconques sur le prix des denrées, la police champêtre, le prix et la durée des baux... »

Mais le mouvement était trop général pour être comprimé sur l'heure. On apprenait en même temps que d'autres émeutes éclataient dans le Bourbonnais, où des meneurs colportaient de faux décrets, proclamaient la loi agraire et conviaient les paysans au partage des propriétés. Rejetés sur la rive droite de la Loire, ils s'attroupèrent à Perrecy et à Palinges. Quatre cent cinquante gardes nationaux de Charolles et des localités voisines marchèrent contre eux et réussirent à les mettre en fuite[1]. Quelques jours

---

1. *Mon. univ.* du 6 juin 1790, t. IV, p. 552. — *Annales patriotiques et littéraires de la France*, n° CCXLIV, du 3 juin 1790.

plus tard, la ville de Bourbon-Lancy était attaquée par les habitants d'une douzaine de paroisses, qui se proposaient de piller ses magasins. Il n'y avait pas à temporiser. Le 5 juin, au début de la séance du matin, Claude Fricaud[1], député du bailliage de Charolles, dénonça les faits à l'Assemblée nationale, et, sur sa proposition, un décret fut aussitôt rendu, qui attribuait aux bailliages de Charolles et de Bourbon-Lancy la connaissance et le jugement en dernier ressort « des crimes, attentats, attroupements et délits contre les propriétés. » C'était une simplification de procédure que justifiaient les circonstances.

Dans la soirée du même jour, les agissements du curé d'Issy-l'Évêque furent signalés à l'Asblée. La séance s'était ouverte à six heures. On avait commencé par donner lecture, devant un auditoire clair-semé, de cinquante et une adresses, dont la plus intéressante était peut-être celle des citoyennes de Saint-Marcellin en Dauphiné, qui, « vêtues en robes blanches garnies de rubans aux trois couleurs de la nation, avaient juré devant les officiers municipaux de maintenir de tout leur

---

1. Claude Fricaud, né à Saint-Julien-de-Civry (Saône-et-Loire) en 1740, avocat à Charolles et subdélégué de l'intendance, fut élu, le 26 mars 1789, député du tiers état du bailliage de Charolles aux États généraux. Son rôle à la tribune se réduit au rapport sur les actes de Carion et à quelques observations sur le traitement des évêques. Il fut élu, après la dissolution de l'Assemblée constituante, juge au tribunal du district de Charolles, se vit confirmer dans ces fonctions le 5 juin 1800 et mourut le 12 janvier 1803.

pouvoir la Constitution, de la faire aimer par leurs enfants et leurs neveux, et d'en faire le principal objet de leur éducation. » Une députation de la commune de Paris, Bailly en tête, vint ensuite demander une fédération générale. Puis ce furent les inventeurs « d'une méthode d'écrire aussi rapidement que l'on parle; » des délégués d'une Société philomatique, qui firent hommage à l'Assemblée « d'un plan qui offre à tous les talents et à tous les arts le moyen de se perfectionner; » une dame Mouret, directrice du *Musée des dames*, qui présenta son *Catéchisme du citoyen pour la jeunesse française* et à qui l'Assemblée accorda, comme aux précédents, « l'honneur d'assister à la séance, » etc., etc.

Ces bavardages avaient occupé la majeure partie de la soirée. Quand ils eurent pris fin, Fricaud monta à la tribune et résuma, comme il suit, les faits imputés à Carion :[1]

L'affaire dont je vais vous entretenir offre les plus étonnantes singularités : d'après le récit des faits, vous verrez qu'elle tient absolument du délire.

Le 6 octobre dernier, M. l'abbé Carion, curé d'Issy-l'Évêque, sous prétexte d'établir un grenier de subsistance pour les pauvres, a convoqué une assemblée de paroisse. La séance a commencé par la lecture d'un cahier ayant pour titre : *Formation du Comité et Conseil d'administration de la ville et commune d'Issy-l'Évêque.* Ce cahier

---

1. *Mon. univ.* du 7 juin 1790, t. IV, p. 560. — *Archives parlementaires* publiées par MM. Mavidal et Laurent, 1re série, t. XVI, p. 120.

contient des lois sur la police de la ville, la réparation
des prisons, l'administration de la justice, le régime des
gardes nationales, les amendes et confiscations, les
emprisonnements des citoyens sur le simple ordre écrit
du Comité, les alignements des rues et des places publiques, les corvées, le prix des grains, en un mot tout ce
que l'imagination exaltée de ce pasteur a pu réunir pour
enfanter une législation. Le curé, le casque en tête et
l'épée au côté, allait chez tous les laboureurs s'emparer
de leurs grains; en vertu de son règlement, il en fixait
le prix. Ce nouveau législateur n'a point reconnu la séparation des pouvoirs, car il ordonnait, jugeait, exécutait
ses propres jugements; souvent même, dit-on, il gardait
l'argent et la marchandise; notaire et tabellion étaient
appelés pour dresser procès-verbal de ces extravagances.
Un jour, M. le curé partit, tambour battant, et arriva
dans les Grandes Bruyères; il y rendit et fit exécuter
sur-le-champ ses lois agraires, s'adjugea à lui-même
une portion de territoire, sous le prétexte que c'était une
ancienne commune. Ses prônes étaient un mélange de
faits de guerre, de menaces séditieuses, d'explications
de ses règlements avec le moyen de les faire exécuter.
A l'aide de ses troupes (car il en avait), il a établi et
perçu des octrois, fait abattre des murs de clôture,
arracher des haies. Ces faits sont prouvés par cinquante
témoins. Il nous reste à désarmer ce redoutable curé et
à nommer une autre municipalité que celle qu'il a organisée. Je demande que toutes les pièces qui attestent les
faits que je viens de mettre sous vos yeux soient renvoyées
au Comité des rapports [1], qui sera chargé de vous présenter un projet de décret sur cet objet.

---

[1]. Ce Comité, créé le 28 juillet 1789 sur la proposition de Volney,
se composait de trente membres renouvelés chaque mois par moitié.
Toutes les questions de police et d'administration lui étaient déférées.

Les innovations de Carion n'avaient nullement séduit le député de Charolles, et il n'y avait pas vu autre chose qu'un symptôme de démence. Fricaud n'était pas seulement avocat, quand il fut appelé à la députation; il était, en outre, subdélégué de l'intendance. Il représentait ainsi le gouvernement, et ces fonctions lui avaient naturellement inspiré un goût de l'ordre, des habitudes de régularité administrative qui étaient tout à fait en opposition avec les hasardeuses fantaisies du curé d'Issy-l'Évêque. Au reste l'agitation qui régnait dans le pays ne permettait pas de tolérer celles-ci. L'Assemblée nationale décréta sans discussion le renvoi au Comité des rapports, comme le demandait Fricaud; mais des incidents allaient compliquer l'affaire, et dix mois devaient s'écouler avant qu'elle ne fût effectivement rapportée.

II

Le Châtelet de Paris était en même temps saisi. A la date du 11 juin, le procureur du roi, M. de Flandre de Brunville[1], exposait les griefs relevés par la procédure et demandait un supplé-

---

[1]. François-Antoine de Flandre de Brunville, avocat, reçu le 15 janvier 1765 conseiller au parlement de Paris, pourvu le 26 avril 1773 d'un office d'avocat du roi au Châtelet, avait acquis, le 3 mai 1780, moyennant un prix de 624,000 l., l'office de procureur du roi. Il avait été reçu en cette qualité le 1er décembre 1781.

ment d'information « au sujet des nouveaux faits de vexations et abus d'autorité. »

Indépendamment, porte la requête, des faits qui ont donné lieu à la procédure encommencée contre led. sr Carion et dont il vient de vous être rendu compte, led. procureur du Roy a encore été informé que depuis l'interrogatoire subi par led. Carion par-devant M. le Lieutenant criminel du bailliage d'Autun, et depuis même le renvoy du procès au Châtelet de Paris, le sr Carion, bien loin de reconnoître ses torts et de chercher à les réparer en ramenant le calme et la tranquillité dans sa paroisse, a, au contraire, tenu une conduite aussi répréhensible que par le passé; qu'après une absence d'environ trois semaines, le sr Carion arriva à Issy-l'Évêque le onze may dernier; qu'aussitôt son arrivée, les gens armés qui sont à sa dévotion ont recommencé par ses ordres leurs violences ordinaires et ont tenu la conduite la plus alarmante; que le lendemain douze, après une procession faite par led. sr Carion, le nommé Ledey, l'un de ses satellites, tint les propos les plus injurieux contre les honnêtes citoyens de l'endroit et qu'il maltraita même la femme du nommé Maillot si violemment qu'elle fut obligée de garder le lit pendant plusieurs jours; que le treize du même mois, jour de l'Ascension, led. sr curé d'Issy-l'Évêque indiqua une assemblée générale de toute la paroisse et de la municipalité au dimanche seize, laquelle assemblée eut effectivement lieu et se tint chez led. sr curé; qu'il fut délibéré et arrêté dans cette assemblée que le mur de clôture du sr Frapet seroit démoli; que le lendemain dix-sept, copie de la délibération, écrite de la main dud. sr curé, fut signifiée aud. sr Frapet; que le vingt et un, led. Frapet a fait signifier ses protestations au sr Carion; et cependant que le lendemain vingt-deux, au mépris de ces protestations, led. sr Carion a fait battre la générale dès trois heures et demie du matin, et que, le peuple s'étant attroupé et composé pour la plus grande partie de gens dévoués au sr Carion, ces mêmes gens attroupés ont démoli le mur du jardin dud. Frapet sur la longueur d'environ quarante-cinq toises et se sont ensuite servis des pierres provenant de la démolition pour en paver la rue.

Le même jour, un jugement désigna M. de La Garde des Marets[1] pour procéder à une information par addition. Ce conseiller avait eu de plus graves affaires à instruire. Il avait été chargé, les 21 et 27 janvier 1790, de l'information dirigée contre Marat pour injures au Châtelet, et contre Danton, qui avait tenu à ce propos, dans l'assemblée du district des Cordeliers, un discours réputé « incendiaire. » L'affaire de Carion lui donna moins de souci. Une commission rogatoire fut adressée au lieutenant général civil et criminel du bailliage de Bourbon-Lancy[2] à l'effet d'entendre les témoins domiciliés dans le canton d'Issy-l'Évêque. Les assignations à ces témoins furent délivrées quelques jours après à la requête

---

1. Marie-Joseph-Étienne de La Garde des Marets, reçu conseiller au Châtelet le 26 août 1781. Après la suppression de cette juridiction, il fut candidat aux fonctions de juge dans les nouveaux tribunaux et obtint seulement quelques voix aux scrutins des 28 novembre 1790 et jours suivants.

2. Simon-François Curé de la Chaumelle, né le 9 décembre 1746 à la Chaumelle, commune de Mont (Saône-et-Loire), de Simon et de Françoise de la Chèze, exerçait ses fonctions depuis 1773. Après la Révolution, il fut adjoint, puis maire de Bourbon-Lancy, où il mourut le 11 janvier 1831.

de « Me Jean-Marie Grangier, avocat en parlement, demeurant à Bourbon-Lancy, faisant les fonctions de procureur du roi, comme plus ancien gradué, pour l'absence de M. le procureur du roi[1]. » Dix-huit dépositions recueillies du 2 au 5 juillet confirmèrent pleinement les nouvelles inculpations. Le 20 juillet, le procureur du roi au Châtelet, se fondant sur ce que l'accusé avait, « au mépris du décret d'ajournement personnel, continué ses fonctions ecclésiastiques et civiles, » conclut en la Chambre du conseil à ce qu'il fût pris et appréhendé au corps. Un jugement conforme, portant les signatures de MM. Boucher[2], lieutenant particulier, Millon[3], de La Garde, Phélippes[4],

1. Jean-Gaspard Pinot, né à Bourbon-Lancy en 1734. A la date des assignations, il siégeait au conseil général, qui l'élut, le 3 juillet, membre du directoire. Il devint, après la réorganisation judiciaire, commissaire du roi près le tribunal du district de Bourbon-Lancy. Il mourut le 25 février 1793.

2. André-Jean Boucher d'Argis, né à Paris en 1751, avocat, avait été reçu le 9 janvier 1772 conseiller au Châtelet et le 20 mars 1790 lieutenant particulier. Il refusa la charge de lieutenant civil, qui lui fut offerte après la démission du titulaire, Antoine-Omer Talon, le 30 juin 1791. Impliqué dans la prétendue conspiration dite des Carmes, il fut condamné à mort le 23 juillet 1794.

3. Charles-Blaise-Léon Millon, reçu le 31 décembre 1750. Peu favorable aux réformes judiciaires, il avait adressé, le 2 juillet 1790, au président de l'Assemblée nationale, une lettre dans laquelle il exposait ses vues sur l'organisation des tribunaux et déclarait « que la publicité de l'instruction forme et multiplie les malfaiteurs, dont elle favorise l'impunité. » (Arch. nat. D, xvii, 4, n° 57).

4. N. Phélippes de La Marnière, juge auditeur au Châtelet en 1746, reçu conseiller le 11 janvier 1755. Elu en novembre 1789 représentant de la Commune pour le district des Blancs-Manteaux, non réélu en octobre 1790, il se porta candidat aux fonctions de juge après la suppression du Châtelet et obtint quelques voix au scrutin du 8 décembre 1790.

Silvestre[1], de La Huproye[2], Grillons[3], conseillers; Pierre Montagne et Alexis Potron[4], notables adjoints, intervint à la date du 27 juillet et fut mis à exécution. Les beaux jours du curé législateur étaient passés. Le dernier acte qu'il ait signé sur les registres paroissiaux est du 8 août. Arrêté et conduit d'abord à Moulins, il fut transféré à Paris et écroué, le 30 août, par les soins de l'huissier Damien[5], dans les prisons du Grand Châtelet. On trouve aux archives de la préfecture de police, où ont été versés les registres du Châtelet, le procès-

---

1. N. Silvestre, reçu le 27 janvier 1779. Il fut nommé juge au tribunal de la Seine en 1802, exerça ces fonctions jusqu'en 1815 et mourut en 1831.

2. Antoine-Edme de La Huproye, reçu le 11 décembre 1787, fut, avec deux de ses collègues, rapporteur de l'affaire des 5 et 6 octobre. Il émigra en 1793. Rentré dans la magistrature en 1814 comme conseiller à la cour de Paris, il siégea jusqu'en 1832 et mourut en 1834.

3. N. Grillons des Chapelles, reçu le 1er mars 1767.

4. Alexis Potron, orfèvre, rue Saint-Louis, n° 81, était en 1788 un des quatre gardes en charge du corps des orfèvres, batteurs et tisseurs d'or. Il entra comme notable, en octobre 1790, au conseil général de la commune, devint électeur en 1791 de la section d'Henri IV, puis assesseur en 1792 du juge de paix de cette même section. Il fut nommé par la Convention, le 17 octobre 1794, membre de la commission de police administrative de Paris.

5. François-René Damien, né à Paris en 1745, reçu huissier à cheval au Châtelet en 1787. Après la suppression du Châtelet, il fut admis, le 11 avril 1791, comme huissier près le deuxième tribunal criminel provisoire de Paris. Le 13 septembre suivant il s'introduisit dans une assemblée électorale pour exécuter un décret de prise de corps rendu contre Danton; mais l'assemblée le mit lui-même en état d'arrestation. Transféré à l'Abbaye, il fut élargi le 18 septembre. Plus tard, il fut impliqué dans la prétendue conspiration dite du Luxembourg et condamné à mort le 9 juillet 1794.

verbal de cet écrou, tel qu'il fut rédigé par M⁰ Nicolas-Joseph Watrin, greffier de la geôle.[1]

Du 30 août 1790 — Civil — M. Jean-François Carion, curé d'Issy-l'Évêque et maire dud. lieu, a été transféré des prisons de Moulins-en-Bourbonnais en celles de céans, écroué et recommandé par le s⁰ Damiens, h⁰ à cheval aud. Châtelet, en vertu d'un décret de prise de corps décerné par jugement en d⁰ ressort rendu en la chambre du conseil du Châtelet le 27 juillet d⁰ p⁰ led. s⁰ Carion ester à droit.

Au Châtelet, Carion eut tout le temps de réfléchir aux caprices de la fortune et au danger des excès de zèle. Les prisons étaient établies dans les bâtiments délabrés de l'ancien château fort de la Cité, à côté d'une voûte obscure flanquée de deux tourelles en encorbellement, sous laquelle passait la rue Saint-Denis et qui était autrefois une des quatre maîtresses portes de Paris[2]. Elles étaient plus particulièrement affectées aux individus détenus « pour ester à droit en personne à l'effet de l'instruction et du jugement des procès. » L'endroit était peu plaisant et la société fort mêlée. Carion y trouva trois autres accusés de

[1]. Les registres d'écrou du Châtelet sont au nombre de quatre-vingt-quinze, et vont du 1ᵉʳ janvier 1651 au 2 septembre 1792. Le procès-verbal d'écrou de Carion se trouve dans l'un de ces registres, qui commence au 27 septembre 1788 et finit au 23 mai 1791, f⁰ 142, v⁰.

[2]. Un arrêté de la Commune, rendu quelques jours après les massacres de septembre, prescrivit la démolition de ces bâtiments, déjà projetée sous l'ancien régime; mais cette opération ne fut exécutée qu'à partir de 1802. La place du Châtelet fut tracée sur l'emplacement.

lèse-nation; mais ce n'étaient pas de profonds politiques, comme lui, et la gravité des faits qui leur étaient reprochés n'en justifiait guère l'ambitieuse qualification. Louis Monnedière[1] et Pierre-Joseph Roussel[2] étaient inculpés d'avoir fabriqué de faux ordres de l'Assemblée nationale. Quant à Jacques Marguenot[3], c'était un dentiste ambulant qui, un jour de foire, à Montargis, avait annoncé au son du tambour qu'il était défendu de payer les champarts et que les décrets qui l'ordonnaient étaient faux. Carion vit arriver six semaines après le chevalier de Bonne-Savardin[4]; mais cet ancien capitaine de cavalerie, qui avait projeté de faire rentrer le comte d'Artois et négocié avec les rois d'Espagne et de Sardaigne pour en obtenir des troupes, n'était pas plus que les précédents en communion d'idées avec le législateur d'Issy-l'Évêque. Les relations entre ces deux hommes durent être froides.

A part ces quatre accusés soumis à une juridiction spéciale et inscrits au registre d'écrou sous la dénomination de « civils », l'ensemble des détenus se composait de vulgaires malfaiteurs

---

1. Ecroué le 23 janvier 1790.
2. Ecroué le 25 avril 1790.
3. Ecroué le 28 juillet 1790.
4. Arrêté à Pont-de-Beauvoisin le 1ᵉʳ mai 1790 et incarcéré à l'Abbaye, le chevalier Bertrand de Bonne-Savardin s'en échappa, fut arrêté de nouveau le 18 juillet et écroué le 13 octobre au Châtelet. Il fut renvoyé plus tard devant la haute cour d'Orléans, transféré en cette ville le 1ᵉʳ septembre 1791 et acquitté faute de preuves.

entassés dans les conditions les plus malsaines.
Des rues étroites et sordides aux noms significatifs, Pierre-à-Poisson, Pied-de-Bœuf, Trop-va-qui-dure, etc., resserraient les vieux bâtiments du Châtelet à peu près dépourvus d'ouvertures extérieures. Le peu d'air qui y pénétrait était infecté par les miasmes combinés de la Grande Boucherie, du marché au poisson, et de la Morgue, où les cadavres pourrissaient pêle-mêle. Des épidémies étaient toujours à craindre. Au moment même où Carion se voyait écrouer, une partie des prisonniers étaient évacués par mesure de précaution sur Bicêtre et la Force [1]. Mais il en restait plus de cinq cents, et ce nombre dépassait encore de moitié la population normale de la prison. Des évasions se produisaient fréquemment. Le 17 septembre, vingt détenus s'échappèrent par les toits. Les 4 et 13 octobre, deux tentatives furent déjouées par la garde nationale. Le 8 novembre, cent trente détenus essayèrent de fuir par l'égout qui débouchait sous le pont au Change et communiquait avec les latrines des prisons. Une fusillade bien nourrie les arrêta, et on dut en repêcher sept qui étaient déjà descendus à une profondeur de cinquante pieds. La municipalité fit bien encore transférer à la Conciergerie une cinquantaine de détenus; mais le Châtelet n'en demeurait pas moins très insuffisant. On songea

---

1. *Mon. univ.* du 30 août 1790, t. V, p. 515.

au donjon de Vincennes. Il fallait un décret pour autoriser cette nouvelle destination et les coûteuses réparations qu'elle entraînait. Barère, qui rapporta l'affaire, dénonça à l'Assemblée nationale « l'état affreux des anciennes prisons de Paris, le nombre immense des malheureux qui y étaient amoncelés, et les dangers des maladies augmentés par une saison rigoureuse.[1] » Le décret fut rendu, mais il ne fut pas mis à exécution, et l'encombrement ne fit que s'accroître.

Carion ne prit aucune part aux entreprises désespérées de ses codétenus. Il avait confiance dans l'issue de son procès, et il supporta philosophiquement les ennuis de sa captivité. Ses paroissiens, au reste, ne l'oubliaient pas. Ils lui firent bientôt parvenir une certaine somme provenant de cotisations qu'ils s'étaient imposées. Grâce à cette subvention, le prisonnier put tempérer les rigueurs du régime auquel le concierge-buvetier Lefebvre soumettait ses pensionnaires. Il fallait, en effet, que ce dernier prélevât sur leur nourriture de notables bénéfices. Les fonctions qu'il exerçait n'étaient pas, comme aujourd'hui, un emploi subalterne à salaire fixe. Lefebvre remplissait une véritable charge, une charge qu'il avait payée quatre-vingt mille livres et qui lui en rapportait annuellement vingt mille. Il lui était

---

1. Séance du 20 novembre 1790. *Mon. univ.* du 21 novembre, t. VI, p. 436.

alloué huit sous par détenu, et c'était à lui à se tirer d'affaire. Il est vrai de dire que les prisonniers « civils » avaient droit à un meilleur traitement. Le concierge-buvetier recevait pour chacun d'eux une allocation de cinq livres dix sous par jour. Mais il rognait, sans doute, sur leur menu, car il était fort inquiet lui-même de son sort, et au moment où la juridiction du Châtelet fut supprimée, il adressait un mémoire à l'Assemblée nationale pour demander l'indemnité décrétée en faveur des officiers ministériels.[1]

---

[1]. Archives nationales, D, xiii, 8, n° 112.

DEUXIÈME PARTIE

CHAPITRE Ier

Le Châtelet de Paris.

I

L'accusé ne devait pas s'attendre à trouver beaucoup d'indulgence chez ses juges. Le personnel du Châtelet n'avait pas été modifié; les magistrats, qui avaient acheté leurs charges sous l'ancien régime et dont les réformes en voie d'exécution ruinaient la situation, voyaient avec un profond déplaisir les progrès de la Révolution. Les jours des vieilles juridictions étaient désormais comptés. Déjà les parlements, maintenus indéfiniment en vacances par le décret du 3 novembre 1789, ne donnaient plus signe de vie que par les arrêts des chambres de vacations. Les dispositions des membres du Châtelet se ressentaient naturellement de cette position précaire. Peut-être leur jugement en était-il faussé. Nonchalants et découragés dans la poursuite des délits de droit commun, ils apportaient une trop visible ardeur à la recherche des délits révolutionnaires, et parfois leurs décisions témoignaient d'une excessive sévérité.

On les vit ainsi punir de simples propos à l'égal des plus criminels attentats. Un pêcheur de Noisiel (Seine-et-Marne) nommé Nicolas Deschamps, « prévenu d'être allé chez les fermiers pour les engager à ne pas battre leurs grains et à ne point les porter au marché », était condamné, le 24 décembre 1789, « tous les services assemblés, » à l'exposition au carcan pendant trois jours et aux galères pour neuf ans [1]. Un nommé Pierre Curé, prévenu d'avoir tenu, le 22 novembre 1789, au sortir de la messe paroissiale de Cornod (Jura) « des propos incendiaires et séditieux » et aussi d'autres propos contre la reine, « attentoires au respect dû à S. M. », s'entendait condamner, le 20 juillet 1790, à faire amende honorable devant l'église Notre-Dame, « où il sera mené et conduit par l'exécuteur de la haute-justice, nus pieds, nue tête, et en chemise, ayant la corde au col, tenant entre ses mains une torche ardente de cire jaune du poids de deux livres, et ayant écriteaux devant et derrière portant ces mots : *Séditieux, Perturbateur du repos public* »; et, en outre, à être exposé au carcan pendant trois jours, battu et fustigé de verges, flétri d'un fer chaud et envoyé aux galères à perpétuité [2]. Et l'extrait

---

[1]. Archives nationales, *Procès révolutionnaires*, Y 10.508.
[2]. Ibid., Y 10.504.

officiel du jugement, publié par l'imprimeur et avec l'approbation du Châtelet, qualifiait d'*aristocrate* ce compagnon papetier, cet ancien matelot qui se répandait en grossièretés contre la reine et menaçait d'incendier les châteaux du pays !

En prononçant contre d'obscurs délinquants les plus rigoureuses pénalités que la loi mit à leur disposition, les magistrats croyaient arrêter le mouvement qui allait les emporter. L'événement trompa ce calcul. Le zèle avec lequel les juges enquêteurs cherchaient à éclairer les dessous de l'insurrection des 5 et 6 octobre mécontentait beaucoup d'intéressés. On ne tenait pas à ce que la lumière se fît. Les clubs s'agitaient ; des motions s'élevaient contre le Châtelet. Marat lui refusait son estime et lui décochait ses traits envenimés. Quelques jours après le décret du 21 octobre, il déplorait cette attribution de compétence :

En commettant le Châtelet, écrivait-il le 5 novembre 1789, pour juger les crimes de lèze-nation jusqu'à ce qu'elle le remplace par un tribunal d'état que nous verrons quand il plaira au destin, l'Assemblée livre pieds et poings liés aux créatures du Parlement et de la Cour les amis de la liberté. Quel espoir reste-t-il désormais aux bons patriotes ? S'ils ne le trouvent pas dans leur courage, ils peuvent s'enterrer tout vivants. [1]

Il y revenait le lendemain :

L'Assemblée ne peut établir pour connaître des crimes de lèze-nation qu'un tribunal dans lequel les citoyens

1. *L'Ami du peuple*, n° XXIX.

puissent avoir confiance, et le Châtelet n'est point ce tribunal. Comme cour subalterne, il est dans la dépendance de la cour du Parlement presque entièrement composée d'aristocrates; il en est presque entièrement composé lui-même, et l'esprit de corps de ces cours de judicature est si bien connu que la voix publique n'a pas hésité un instant de les placer dans la liste des ennemis de la liberté. [1]

Quand il eut lui-même maille à partir avec le Châtelet, Marat ne décoléra plus :

Je n'ai jamais reconnu le Châtelet de Paris, s'écriait-il le 10 janvier 1790, et je ne le reconnoitrai de ma vie, composé comme il l'est d'hommes en qui les bons citoyens ne peuvent prendre aucune confiance... C'est un corps qui a vieilli sous le despotisme dont il a sucé les maximes avec le lait. Comment ne seroit-il pas l'ennemi secret de la Révolution?... Dans les affaires qui ne le touchent point particulièrement, il se regarde comme le vengeur des loix et il s'abandonne à une aveugle partialité. « Si on m'accusoit d'avoir volé les tours de Notre-Dame, je commencerois par chercher mon salut dans la fuite », disoit un homme qui connoissoit bien nos tribunaux. C'est la plus affreuse satyre qu'on puisse faire de son aveugle fureur. [2]

Et le 14 janvier :

C'est en vain qu'on proposeroit de réformer le Châtelet : vouloir faire un corps sain et vigoureux avec des membres débiles ou pourris est la chose impossible. Que ce tribunal inique soit donc destitué du pouvoir de connoitre des crimes de lèze-nation; que tout citoyen soit

1. *L'Ami du peuple*, n° xxx.
2. *Ibid.*, n°ˢ xciii et xciv

jugé par ses pairs ; et que tout accusé de crime de lèze-nation soit jugé par un vrai tribunal composé de citoyens éclairés, indépendants et intacts.[1]

Le même article contenait de furieuses attaques contre le lieutenant particulier Boucher d'Argis. Celui-ci s'en émut, et, le lendemain, se présentant devant la municipalité, il lui exprima « son extrême sensibilité sur les imputations calomnieuses qui lui sont faites dans une des feuilles de M. Marat. » L'assemblée répondit à cette plainte en votant un arrêté très flatteur pour le tribunal du Châtelet et ses magistrats, « justement honorés de la confiance de l'Assemblée nationale et du public[2]. » Elle ordonna en même temps à son procureur syndic de dénoncer l'Ami du peuple ; mais les poursuites n'aboutirent pas ; le comité du district des Cordeliers prit fait et cause pour Marat, et l'huissier Damien, celui-là même qui devait, sept mois après, écrouer le curé d'Issy-l'Evêque, dut se retirer, le 22 janvier, sans avoir pu exécuter le décret de prise de corps.

Au reste, Marat n'était pas seul à jeter la pierre au Châtelet. D'autres y mettaient une égale violence. « Le Châtelet ! écrivait Elysée Loustalot dans les *Révolutions de Paris*, un tribunal décrié même sous l'ancien régime ! des officiers qu'un ministère corrompu méprise assez pour les pen-

---

[1]. *L'Ami du peuple*, n° XCII.
[2]. *Actes de la Commune de Paris*, par Sigismond Lacroix, 1895, t. III, p. 112.

sionner publiquement ! une simple commission composée de juges pris dans une seule commune du royaume, voilà quels sont aujourd'hui les remparts de la liberté nationale ! » Camille Desmoulins, visant certains acquittements, qualifiait familièrement ce même Châtelet de « bateau de blanchisseuses[1]. » Le mot plaisait à Fréron, qui le reprenait pour son compte ; mais l'*Orateur du peuple* ne se contentait pas de railler « la buanderie de la reine » ou « la piscine des aristocrates » : il dénonçait les jugements de ce « tribunal méphitique » comme « le comble de la turpitude et de l'iniquité », et il allait même jusqu'à proposer de le « lanterner » pour épargner les frais de potence.[2]

Ces invectives trouvaient de l'écho dans les assemblées primaires. Le 20 avril, les électeurs du district des Cordeliers rédigaient une adresse pour demander la création d'un nouveau tribunal chargé de connaitre spécialement des crimes de lèse-nation et en même temps un décret qui défendit de rechercher les citoyens pour faits de la Révolution. En apportant trop d'attention à ces derniers faits, le Châtelet avait cessé de plaire. Eh quoi ! s'écriait Linguet, rédacteur de l'adresse, « c'est quand on est convenu de part et d'autre de laisser sous le même voile et les prévarications

---

1. *Révolutions de France et de Brabant*, n° 31.
2. *L'Orateur du peuple*, t. I, n° XLIII, p. 342 ; t. II, n° II, p. 51 ; t. III, n° IX, p. 67.

de toute espèce, cause de tant de maux, et les détails affligeants de quelques-uns des efforts populaires qui en étaient le seul remède, c'est alors que le Châtelet a l'audace impie de lever un voile aussi sacré que celui qui couvre le visage des morts. »

Le grelot était attaché. Quarante et un districts sur soixante adoptèrent la même délibération. Celui des Petits-Augustins, introduisant même Thésée dans l'affaire, décora sa rédaction de l'épigraphe suivante :

Monstre qu'a trop longtemps épargné le tonnerre,
Reste impur des brigands dont j'ai purgé la terre.

Les magistrats protestaient contre ces dénonciations. Le 7 août 1790, le lieutenant particulier Boucher « ci-devant d'Argis », déposant sur le bureau de l'Assemblée nationale la procédure relative aux événements des 5 et 6 octobre, s'expliqua à cet égard :

Nous venons enfin, dit-il, déchirer le voile qui couvroit une procédure malheureusement trop célèbre.
Ils vont être connus ces secrets pleins d'horreur.

Devions-nous prévoir que nous serions les objets de calomnies atroces? Sans doute, nous avons pu en être affligés, notre courage n'en a jamais été ébranlé. Nous continuerons à remplir, sans être atteints par la crainte, des devoirs sacrés dont la licence a rendu l'observation dangereuse; nous continuerons jusqu'à ce que nous remettions le glaive et la balance dans les mains de nos successeurs. Pourquoi craindrions-nous? Les ennemis du bien public ont voulu nous forcer à la faiblesse par la terreur; mais ils ne savoient pas qu'ainsi que Mars Thémis a ses héros. [1]

C'était très beau, et Boucher d'Argis, en modifiant légèrement un vers fameux, avait eu, sans doute, la dignité d'Orosmane; mais le moment où il faudrait remettre le glaive et la balance, ces éternels accessoires de la justice, approchait tout de même. Quinze jours après, pendant que Carion, sous l'escorte de la maréchaussée, suivait tristement la route de Paris, l'Assemblée nationale changeait de fond en comble l'organisation judiciaire [2]. Le Châtelet, vieux de six siècles, voyait arriver sa fin. L'affaire du curé d'Issy-l'Evêque fut une de ses dernières causes politiques. Les circonstances troublées dans lesquelles s'ouvrit la nouvelle information n'enlevèrent rien à la correction de la procédure. Le 1er septembre, Carion, extrait de prison, fut amené devant M. de La Garde et, après avoir entendu la lecture des pièces, il déclara choisir pour conseil Me Armey, procureur au Châtelet [3]. Les 2 et 3 septembre, le conseiller enquêteur, assisté de Me Bourgoin,

---

1. Séance du 7 août 1790. Mon. univ. du 8 août, t. V, p. 333.
2. Décret des 16-24 août 1790.
3. N. Armey, né en 1737, demeurant rue des Prouvaires, n° 54, avait été reçu procureur au Châtelet en 1774. Après la suppression de cette juridiction, il fut inscrit comme avoué près les tribunaux de district et, quand ce titre eut été lui-même supprimé en octobre 1793, comme jurisconsulte et défenseur. Il devint en 1808 avocat au conseil d'État et remplit ce ministère jusqu'en 1812.

greffier[1], lui fit subir un interrogatoire. Les explications de Carion furent à peu près les mêmes que celles qu'il avait données au bailliage d'Autun. Elles consistèrent surtout à se retrancher derrière les volontés de la municipalité. Quand M. de La Garde lui eut rappelé la part personnelle et décisive qu'il avait prise à la démolition du mur de M. Frapet :

A dit que cette démolition lui est étrangère et a été faite par ordre de la municipalité, qui en avoit confié l'exécution au procureur de la commune et non à luy répondant; qu'à la vérité l'assemblée du 16 may se tint au presbiterre, n'y ayant pas de maison commune à Issi; que luy répondant servit simplement de scribe, n'ayant pris aucune part à la délibération, qui n'est point signée de luy.....

Si Carion s'imaginait que ces dénégations trouveraient créance, il attribuait à M. de La Garde une bien extraordinaire naïveté. Le conseiller demeura fort sceptique et fit simplement observer qu'on ne pouvait guère se déclarer étranger à une délibération, quand on l'avait rédigée, écrite, lue à haute voix et mise à exécution. Au surplus, l'attitude du curé d'Issy-l'Evêque ne dénotait plus cette belle assurance qu'il avait montrée pendant son règne de dix mois. Sans

---

1. Nicolas Bourgoin, reçu en 1770 greffier pour l'expédition des sentences de l'audience du Parc civil et présidial. Après la suppression du Châtelet, il devint en 1791 greffier du juge de paix de la section de la rue Beaubourg et remplit ces fonctions jusqu'en 1794.

doute, le voyage avait calmé son ardeur, et l'atmosphère du Châtelet commençait à dissiper ses illusions.

II

L'arrivée de Carion fut signalée par la presse. La *Chronique de Paris* mentionne en ces termes l'incarcération de l'inculpé et les motifs qui l'avaient déterminée : [1]

Le curé d'Issy-l'Évêque en Bourgogne, nommé Carion, vient d'être transféré comme criminel de lèse-nation, au Châtelet. On avoit déjà entamé contre lui devant ce tribunal une procédure où il avoit été décrété d'ajournement personnel. On se rappelle que dans l'Assemblée nationale il fut dénoncé comme s'étant donné des gardes, un conseil, et fait proclamer maire, législateur, exécuteur à la manière de Mahomet et du Vieux de la Montagne qui réunissoient tous les pouvoirs. Les griefs allégués contre lui sont d'avoir fait un règlement contraire aux décrets de l'Assemblée nationale, qu'il paroissoit y méconnoître; d'avoir lu ce règlement en chaire, d'y avoir annoncé que ceux qui avoient du bled seroient tenus de le porter dans les greniers publics d'Issy; d'avoir établi des octrois et des droits, une taxe pour les pauvres, une portion congrue pour le vicaire, la réparation des chemins, etc. On avoit détruit les foires d'Issy, il les avoit rétablies. Les rues et les chemins de ce bourg étoient trop étroits, il s'étoit attribué la juridiction de la voierie avec violence; il avoit, à la tête de la garde nationale, fait arracher des haies pour élargir les routes et les passages;

1. N° 252, du 9 septembre 1790, t. III, p. 1006.

à main armée, il avoit arrêté la libre circulation des grains, dépouillé deux particuliers d'une propriété de trente ans, il avoit amodié et distribué ce terrain, qui jadis avoit été une commune, à la garde qui s'en étoit emparée, tambour battant et les armes à la main, etc.

Tels sont les griefs sur lesquels porte l'ajournement personnel. L'accusé s'étoit absenté d'Issy pendant quelque tems. A son retour et par ses ordres, la troupe qui lui étoit dévouée avoit abattu quarante toises d'un mur de clôture d'un particulier, dont la pierre a été employée à paver le chemin. On lui reproche d'avoir dit que s'il manquoit de fonds pour les dépenses publiques, il enverroit en chercher chez les principaux habitans, que les états-majors avoient sauvé la France et qu'il étoit à Issy *curé, maire et roi*. Ce sont ces derniers griefs qui lui ont attiré le décret de prise de corps en vertu duquel il est prisonnier.

Quelques jours après, la *Chronique de Paris* revenait sur l'affaire; mais l'interrogatoire du prévenu avait transpiré, et le journal atténuait l'importance du rôle qu'il lui avait d'abord et fort justement attribué.[1]

Le curé d'Issy-l'Évêque, y lit-on, paroit avoir abdiqué dans sa prison les qualités de *maire* et de *roi*. L'interrogatoire qu'il a subi devant M. de Lagarde ne présente qu'un être passif dont la municipalité d'Issy s'est servie pour exécuter tout ce qui lui est imputé personnellement. Il soutient n'avoir été que le scribe des officiers municipaux, qui l'ont forcé ensuite d'exécuter leurs délibérations.

Une autre feuille, *le Spectateur national et le Modérateur*, qui avait annoncé déjà l'arrestation

---

1. N° 258, 15 septembre 1790, t. III, p. 1027.

« du nommé Carion, curé du Plessy-l'Evêque près Autun, accusé d'avoir voulu ériger sa paroisse en république et d'avoir essayé de faire exécuter ses décrets particuliers en employant la force et les armes, » résume de même son interrogatoire.[1]

...... Il dit qu'il n'a fait qu'exécuter les ordres de la municipalité; que la copie du règlement qu'il a mis en vigueur a été envoyée à M. l'intendant de la généralité de Bourgogne, afin qu'il en approuvât ou rejettât les articles. Il assure qu'il n'a fait emprisonner personne et qu'ainsi il a respecté la liberté individuelle. Il convient qu'il a continué ses fonctions ecclésiastiques dans les liens d'un décret d'ajournement personnel, parce que le décret n'avoit pas été rendu avec l'official. Quant à celles de maire et de président du Comité, il ne les a remplies, dit-il, qu'après avoir été forcé par les événements.

Et le journal ajoute cette réflexion, dont la dédaigneuse indulgence dut plaire médiocrement au curé-législateur :

On ne voit guère dans tout cela que des idées émanées d'une tête mal organisée. Des bains froids et la réparation des dommages qu'il a causés : voilà raisonnablement ce que paroit mériter la conduite de cet extravagant.

Dès le 7 septembre, M° Armey avait présenté une requête de mise en liberté provisoire; mais elle fut rejetée le 9 par les magistrats du Châtelet. Carion jugea alors à propos de se faire assister

---

1. N°° 279 et 280, 6 et 7 septembre 1790, p. 393 et 402.

d'un second défenseur. Panis[1], auquel il s'adressa, était un avocat sans valeur ; mais ses tendances démagogiques, son caractère remuant, sa faconde vulgaire et ronflante, commençaient à lui créer une certaine notoriété. Il était alors un des treize électeurs de la section de l'Arsenal et faisait partie du club des Jacobins. Plus tard, devenu officier municipal aux élections de février 1792, il fut un des organisateurs des massacres de septembre. On sait que deux cent seize prisonniers accusés de délits de droit commun périrent au Châtelet. Si Carion y avait encore été détenu, il eût été bel et bien égorgé par les soins de son défenseur.

1. Étienne-Jean Panis, né en 1757, inscrit en 1782 au tableau des avocats de Paris, participa aux insurrections des 20 juin et 10 août 1792. Membre de la Commune et de concert avec Danton, il prépara les massacres de septembre. Il faisait alors partie du comité de surveillance, sorte de pouvoir exécutif qui annihilait l'autorité du maire de Paris. Le 2 septembre, il se fit autoriser à compléter ce comité par l'adjonction de trois nouveaux membres ; mais il en ajouta six, dont trois n'appartenaient pas à la Commune. L'un de ceux-ci était Marat. Le même jour, au moment où les prisons étaient le théâtre d'une effroyable boucherie, il signa avec six de ses collègues une circulaire à toutes les communes de France qui glorifiait « ces actes de justice » et conviait la nation « à adopter ce moyen si utile et si nécessaire. » Tous les historiens l'ont citée comme un monument de scélératesse. Panis trempa aussi dans le pillage du Garde-Meuble. Quelques jours après il fut élu député à la Convention. Décrété d'accusation après l'insurrection du 1er prairial an III (20 mai 1795), il ne recouvra la liberté que par l'amnistie du 4 brumaire an IV (26 octobre 1795), que la Convention vota en se séparant. Il reçut ensuite un emploi dans l'administration des hospices de Paris. Exilé comme régicide en 1816, il vécut obscurément en Italie jusqu'en 1830. Il mourut à Marly-le-Roi le 22 août 1832.

Le 13 octobre, Panis soumit au Châtelet une nouvelle requête de mise en liberté au nom de son client. Le début de cette pièce suffit pour donner une idée de son genre d'éloquence :

Comment se fait-il qu'un homme chéri de tout son canton qui le réclame en attestant qu'il lui doit tout, qu'un pasteur que sa paroisse, en deuil de l'accusation qu'il souffre, assure avoir vu toujours l'ami, le soutien du pauvre et du villageois tourmenté; qu'un bon curé qui, aux approches de l'Assemblée nationale, disoit au Roi tous les maux du cultivateur et les remèdes à y porter, dans un écrit qu'on ne peut lire sans y verser des larmes, et qui, dans un autre où il voit Dieu dans la Constitution, fit prêter le serment civique à ses paroissiens amis dans ce stile aimant dont Fénelon bonifioit les âmes; qu'enfin un bon prêtre élu maire de son bourg à l'unanimité des suffrages, et pour ses vertus nécessairement, et pour avoir jusqu'alors, au dire de tous, fait prospérer en ce lieu la Révolution par des conseils et des soins qui en avoient écarté la famine et la guerre; comment se fait-il, se peut-il qu'un Patriote si bon, si honorable, se voye imputé à crimes les actions mêmes auxquelles son civisme a concouru?

L'on sent de qui cette merveille est l'infamie : de petits hommes horribles, écumeurs du pain des chaumières, détestent l'ami de la Révolution et des campagnes et la paix d'un lieu qu'ils auroient troublé sans lui, altérant donc, augmentant, envenimant, créant même avec leurs coquins des paroles et des faits, et quêtant et payant quelques vils témoins. Leur force dans le crime noircit un instant la vertu même... Un décret facile au bailliage d'Autun commença leur joie délatrice; mais le bon curé fut établi dans l'opinion publique au point d'être fait électeur pour cinq paroisses. Leur rage redoubla; juges et délateurs se concertèrent... une idée sacrilège leur vit : c'est de présenter le Patriotisme en personne comme criminel de lèse-nation, pour le traîner en prison avec esclandre à la faveur de l'inconséquence des temps... Ils l'ont fait et s'amusent d'un succès si doux ! Voilà bien cette cause ; c'est la haine de la nation qui vexe encore à sa face son plus tendre ami.

L'an passé, vers le six octobre, Issy-l'Évêque étoit en désordre ; les méchants souffloient la guerre, les accaparements alloient, la famine n'étoit pas loin, les brigands non plus, et l'aristocratie du canton étoit fort contente. Que faire ? Les habitants vinrent le demander en foule à leur bon curé qu'ils aiment et possèdent depuis dix ans. Il s'unit à eux pour établir un Comité provisoire ; tous l'en nommèrent président par acclamation, et l'on s'occupa du règlement nécessaire. C'est de ce point que part notre exposé.....

Il serait trop long de suivre le verbeux avocat dans le développement des faits. C'est toute une plaidoirie sur le mode lyrique, une apothéose de l'accusé, une réfutation violente de « l'infâme accusation qui depuis deux mois retient l'innocence au séjour des criminels », une admiration sans réserve du règlement de la commune, « qui fait pleurer de patriotisme », et naturellement aussi une charge à fond de train contre les témoins « écumant d'animosité. » MM. Mollerat et Frapet n'y sont pas ménagés : « l'affreux système de ces deux ennemis de la Révolution... leur scélératesse... leur affreuse combinaison... le venin de ces noirs délateurs » y sont stigmatisés comme il convient. Frapet est « un ancien petit despote d'Issy », et Mollerat, « son maitre et compagnon de tyrannie, de haine du bien public et de rage contre tous ceux qui, comme Carion, ont eu le bonheur d'y contribuer avec zèle. » Et quand il a discuté toutes les charges, l'avocat finit « par rassembler en peu de mots les forces terribles de l'honorable accusé » sous ce titre : « Résumé et perspective de tous les moyens du bon curé d'Issy-l'Évêque. »

Cette perspective n'ouvrit pas, sans doute, de nouveaux horizons sur l'affaire, car, le 14 octobre, quoique le procureur du roi eût déclaré ne pas s'opposer à la mise en liberté de Carion, sauf à le décréter d'ajournement personnel, les conseillers du Châtelet décidèrent simplement que la requête serait jointe aux pièces « pour y avoir tel égard que de raison. » On trouve au bas du jugement les signatures de MM. Boucher[1], lieutenant particulier, Michaux[2], Béville[3], Vanin[4], Moreau[5],

---

1. Boucher d'Argis. Voir ci-dessus.
2. Louis-Pierre Michaux, né en 1748 de Charles-Louis, secrétaire du roi, fut reçu, le 31 décembre 1771, conseiller au Châtelet. Après la suppression de ce tribunal, il fut pendant un an assesseur du juge de paix de la section de la rue Beaubourg, dont il était un des vingt-trois électeurs. Élu par 176 voix, le 25 février 1792, juge suppléant au tribunal du troisième arrondissement, il refusa ces fonctions.
3. N. Béville de la Salle, reçu le 14 août 1753.
4. N. Vanin de Courville, reçu le 9 janvier 1779. Il rentra dans la magistrature en 1811 comme conseiller à la cour royale de Paris, cessa ces fonctions en 1830 et mourut en 1839.
5. N. Moreau de la Vigerie, reçu le 8 août 1780. Il fut nommé juge au tribunal de la Seine en 1808, vice-président au même siège en 1810, conseiller à la cour de Paris en 1818. Il cessa ses fonctions en 1830.

Baron[1], Chapelain[2], Millon[3], conseillers; de MM. Deffault[4] et Plantier[5], notables adjoints. Sauf MM. Boucher et Millon, ces magistrats n'avaient pas encore eu à connaître de l'affaire, et, en cette circonstance, ils ne se montrèrent pas plus favorables à l'accusé que ceux de leurs collègues qui avaient décrété sa prise de corps[6].

CHAPITRE II

Adresses, requêtes et mémoires.

I

Les événements politiques allaient servir Carion beaucoup mieux que les périodes ampoulées de son avocat. Le jour même où il présentait sa requête, le Châtelet entendait prononcer son arrêt de mort. Un décret du 13 octobre prescrivait

1. Jacques Baron, reçu le 11 janvier 1780. Il devint en 1810 conseiller à la cour de Paris et exerça ces fonctions jusqu'à sa mort survenue en 1832.
2. N. Chapelain du Brosseron, reçu le 4 février 1783.
3. Voir ci-dessus.
4. Jérôme Defaux, né en 1746, couvreur, rue des Bernardins, n° 43, électeur en 1791 de la section du Jardin-des-Plantes.
5. Jean-Baptiste Plantier, né en 1741, marchand mercier, rue du Faubourg-Saint-Honoré, n° 87, électeur en 1790 et 1791 de la section des Champs-Élysées, assesseur en 1791 du juge de paix de la même section.
6. Voir aux Appendices (I) l'inventaire des pièces de la procédure, qui s'arrête à ce jugement.

la prochaine installation des nouveaux tribunaux et décidait que les procès pendants leur seraient renvoyés, « à l'exception seulement des accusations pour crimes de lèse-nation attribuées au Châtelet de Paris, sur lesquelles l'Assemblée nationale se réservait de prononcer ultérieurement. » En attendant, le Châtelet fit sa rentrée ; mais cette cérémonie fut lugubre, le garde des sceaux ayant ordonné d'y procéder « sans aucun appareil et sans le discours d'usage. » Au reste, l'intérim ne pouvait guère se prolonger, puisqu'il n'y avait plus de tribunal d'appel depuis la suppression du parlement. Le 18 novembre, le corps électoral s'assembla dans la grande salle de l'Archevêché pour élire les juges. Une messe basse fut célébrée à l'ouverture du premier scrutin et suivie du chant *Domine, salvam fac gentem, salvam fac legem, salvum fac regem*, dont la formule avait été proposée par Danton, qui fit ce jour-là œuvre de liturgiste. Les opérations prirent fin le 11 décembre, et les six nouveaux tribunaux de district furent installés les 24, 25 et 26 janvier 1791.

Le décret du 13 octobre maintenait provisoirement au Châtelet la connaissance des crimes de lèse-nation. On ne lui laissa pas longtemps cette attribution. Le 25 octobre, Le Chapelier[1] présen-

---

1. Isaac-René-Guy Le Chapelier, né le 12 juin 1754, avocat, élu le 17 avril 1789 député du tiers état de la sénéchaussée de Rennes aux États généraux, concourut à l'organisation judiciaire et devint un des chefs du parti constitutionnel. Il fut condamné à mort le 22 avril 1794.

tait à l'Assemblée nationale un rapport sur la création d'une haute Cour nationale destinée à juger cette nature de crimes. Son projet comprenait également l'établissement d'un tribunal de cassation. Comme on ne pouvait discuter tout à la fois, il fut résolu qu'on ne s'occuperait pas actuellement de la haute Cour. Ce sursis contrariait les ennemis du Châtelet. Quand on l'avait chargé du soin de juger les cas de lèse-nation, on ne lui avait pas ménagé les compliments. Un an après, ces politesses n'avaient plus cours. « Vous avez, fit observer Robespierre, une disposition pressante à prendre en ce moment. Il existe un tribunal inconstitutionnel et frappé de la haine de tous les bons citoyens. Vous ne pouvez le laisser subsister. Je demande que sur-le-champ il soit supprimé. » Des applaudissements accueillirent cette proposition radicale. Cependant Le Chapelier la combattit. A son avis, on ne pouvait supprimer immédiatement le Châtelet, puisque les tribunaux qui devaient le remplacer n'étaient pas encore constitués ; mais il n'y avait pas d'inconvénient à lui retirer la connaissance des crimes de lèse-nation. Et comme alors on votait vite, l'Assemblée nationale décréta aussitôt « que l'attribution donnée au Châtelet de juger les crimes de lèse-nation était révoquée, et que, dès ce moment, toutes les procédures faites à cet égard par ce tribunal étaient et demeuraient suspendues. »[1]

1. *Mon. univ.* du 27 octobre 1790, t. VI, p. 215.

Voilà quelle était exactement la situation à l'époque où Carion détenu attendait le dénouement de son procès. La haute Cour nationale n'était pas établie et ne devait l'être que six mois après ; le Châtelet était dessaisi, ses procédures suspendues ; il y avait encore des accusés, mais plus de tribunal pour statuer sur leur sort. Le curé d'Issy-l'Évêque jugea le moment favorable pour demander de nouveau sa mise en liberté. Cette fois, il se tourna du côté de l'Assemblée nationale, en laquelle se résumaient tous les pouvoirs. Le 21 novembre 1790, il lui fit parvenir une adresse où, dénonçant comme entachés d'illégalité la plainte, l'information, le décret de prise de corps, il réclamait son élargissement dans les termes suivants : [1]

Monsieur le Président et Messieurs,

Jean-François Carion, curé, maire d'Issy-l'Évêque en Bourgogne et électeur du département de Saône-et-Loire, a l'honneur de vous représenter que les François sujets de la loi ne peuvent être jugés que par elle.

La loi constitutionnelle des municipalités dit expressément que tout citoyen... avant de porter plainte contre les officiers municipaux à raison des délits d'administration dont il prétendra qu'ils se sont rendus coupables, sera tenu de soumettre cette plainte au directoire du département, qui, après avoir pris l'avis du directoire du

---

1. *Adresse à MM. les députés de l'Assemblée nationale par le maire d'Issy-l'Évêque, détenu aux prisons du Châtelet de Paris.* Paris, imp. de Vezard et Le Normant, 1790. (Bibl. nat Lb39 4.378).

district, renverra la cause, s'il y a lieu, par-devant les juges qui en devront connoître.

On accuse le maire d'Issy-l'Évêque d'avoir rédigé un règlement provisoire pour la sûreté, la subsistance et la police d'Issy;

D'avoir établi une garde nationale;

D'avoir fait tenir les foires et marchés anciens du lieu;

D'avoir réparé et élargi les rues;

D'avoir fait faire des corvées, amodié des communes, arrêté du bled pour en fournir le grenier commun et forcé d'en conduire au marché;

D'avoir fait emprisonner des citoyens;

D'avoir reçu des excuses d'eux par écrit;

De leur avoir fait payer des amendes;

D'avoir fait faire une saisie-arrêt entre les mains des décimateurs ecclésiastiques pour le paiement de la portion congrue du vicaire, qu'ils refusoient de payer depuis deux ans.

En supposant que toutes ces choses soient vraies et autant de délits (ce qu'il n'est pas question ici d'examiner), il est démontré tant par la nature même de ces faits, tant par toutes les délibérations de la municipalité et de la commune d'Issy que par toutes les pièces déposées entre les mains de Messieurs du Comité des rapports, que ces prétendus délits seroient ceux mêmes de la municipalité et commune d'Issy, et que, quand on les attribueroit au maire, il ne seroit tenu d'en rendre compte que devant le directoire du département, conformément aux décrets rendus sur la distinction des pouvoirs administratif et judiciaire et sur la formation des municipalités.

Le maire d'Issy-l'Évêque demande à être jugé suivant la loi, et il proteste :

1° Contre la délation illégale de Molerat et Frappet[1]

---

[1]. Agents du ci-devant seigneur d'Issy, M. de Marbeuf, actuellement archevêque de Lyon (*Note de Carion*).

qui ne pouvoient le dénoncer devant les tribunaux pour faits de simple administration;

2° Contre les plaintes, informations et procédures du bailliage d'Autun et du Châtelet de Paris, qui ne pouvoient en connoître qu'autant que la connoissance leur en auroit été renvoyée par le directoire du département;

3° Contre les décrets d'ajournement personnel et de prise de corps lancés par eux illégalement;

4° Et enfin contre tous actes dont le maire d'Issy n'a point connoissance et qui auroient eu pour but de le rendre comptable devant les tribunaux de son administration municipale.

Tous ces actes, ces procédures contre lesquels proteste le maire d'Issy-l'Évêque sont radicalement nuls, aux termes même de la loi. Daignez, Messieurs, les déclarer tels par un décret solennel qui rende en même temps toute son efficacité au pouvoir administratif dans lequel réside et la puissance et la liberté du peuple; fixer irrévocablement les limites du pouvoir judiciaire qui ne peut jamais connoître des délits d'administration qu'après qu'ils lui auront été légalement renvoyés par le directoire du département... et ordonner que le maire d'Issy-l'Évêque soit mis en liberté.

Au Châtelet le 21 novembre 1790.

CARION,
Curé, maire du canton d'Issy-l'Évêque en Bourgogne,
électeur du département de Saône-et-Loire.

Courte réponse aux prétendus délits du maire d'Issy-l'Évêque.

Les *loix* que l'on dit avoir été faites par le maire d'Issy Sont: 1° *le règlement de la commune fait par elle dans une assemblée générale le 6 octobre 1789;*

2° *Le partage des terres et la loi agraire, c'est-à-dire*

l'amodiation de deux communes, les Bruyères et les Taupières, faite par la municipalité;

3° *La troupe de brigands* dont on fait *chef* le curé d'Issy, c'est la *garde nationale* établie par la commune le 6 octobre.

4° *Les corvées*, ce sont les journées données volontairement par les habitans pour réparer les rues d'Issy;

5° *La violation des clôtures et l'usurpation des propriétés*, c'est l'élargissement nécessaire de quelques rues où la municipalité a fait démolir un mur et arracher quelques haies;

6° *Le prétendu pillage des bleds*, c'est le bled que le Comité a fait conduire au marché ou déposer dans le grenier commun et dont le prix a été remboursé aux marchands;

7° *Les octrois établis et perçus*, c'étoit une cotisation que la commune avoit consentie de payer pour subvenir aux frais du bon ordre et qui n'a point été payée jusqu'à ce jour, faute d'autorisation nécessaire;

8° *Les actes du pouvoir judiciaire faits par le maire d'Issy*, c'est une saisie-arrêt que le Comité municipal a fait faire par un huissier de la justice pour le paiement de la portion congrue du vicaire entre les mains des décimateurs.

CARION,
Curé, maire d'Issy-l'Évêque.

Comme on le voit, Carion, soucieux de sa défense, avait modifié son attitude. L'autocrate avait disparu. Tous les actes qu'il avait perpétrés dans l'exercice de sa toute-puissance n'étaient plus, à l'en croire, que l'œuvre de la municipalité, c'est-à-dire d'un être moral, d'une autorité collective et insaisissable. La responsabilité personnelle s'effaçait, et s'il y avait un procès à faire, c'était à la commune tout entière. Il n'est rien de plus commode pour justifier les pires excès. Le régime de la Terreur n'a même pas d'autre explication.

A la même date, de concert avec Panis, Carion envoya une autre adresse au comité des recherches, qui avait pour mission d'instruire les attentats contre la sûreté de l'État, et dont la décision ne pouvait manquer d'influer sur l'issue de l'affaire. C'était un véritable réquisitoire contre le Châtelet, qualifié de « doublement criminel de lèse-nation. » L'attaque était d'autant plus vive qu'elle était sans danger. Quoique le document soit signé d'abord de Carion, sa rédaction est certainement l'ouvrage de Panis, dont le style emphatique et acrimonieux se reconnait aisément : [1]

Messieurs,

D'après lecture de la plainte rendue sur *délation* au Bailliage d'Autun contre le Curé, maire d'Issy-l'Évêque, vous avez craint, Messieurs, que quelques chefs n'en fussent vrais, tels entre autres, que l'empêchement de la

1. *Adresse à Messieurs du Comité des recherches de l'Assemblée nationale.* Imp. de N.-M. Dumaha. (Bibl. nat. Lb[39] 4.379). Cette pièce est annoncée ainsi qu'il suit dans le *Mercure national et Révolutions de l'Europe, Journal démocratique* rédigé par Mme Robert, de l'Académie d'Arras, etc., 2e année, numéros IX, X et XI (4 janvier, 8 et 11 février 1791) : *Adresse à MM. les députés de l'Assemblée nationale, par le maire d'Issy-l'Évêque, persécuté par les aristocrates, détenu depuis quatre mois aux prisons du Châtelet de Paris, Prémices aux Patriotes, pour leur ami, opprimé et déchiré par l'aristocratie. A Paris, de l'imprimerie de Dumaha, rue de la Monnoye,* n° 13, vis-à-vis celle Baillet.

circulation des grains, et vous avez renvoyé cette affaire au Châtelet, malheureusement juge provisoire des crimes de LÈSE-NATION.

Sur ce renvoi les juges de ce Châtelet, sans lire ou apprécier l'information, et pour servir la haine de leurs confrères du bailliage d'Autun contre le Curé patriote, l'ont décrété de prise de corps et fait traîner à leur Châtelet.

Alors le Curé, maire d'Issy-l'Évêque, s'est vu forcé par sa position de s'adresser à ces DÉCRÉTEURS. Il leur a présenté sa requête en liberté PROVISOIRE; requête où il a eu soin de discuter le FOND pour ne leur laisser aucune excuse. Il y a détruit, par les preuves de sa conduite sage, les imputations de folies qu'une ou deux feuilles mercenaires se sont permises contre lui. Sur-tout il y a démontré que, loin d'avoir empêché la circulation des grains, il s'était précisément opposé dans sa place à ce qu'on l'empêchât; qu'en un mot, au lieu de crime de lèse-nation il n'avoit fait que du bien ni rien fait qu'avec la Commune et la Municipalité du lieu, dont il est Maire, et dont la conduite avoit été conforme aux arrêtés des Comités de tous les lieux voisins. Et il a prouvé par des pièces qu'il étoit chéri, honoré, redemandé à grands cris par tout son canton.

Mais en réponse à ces preuves du plus pur comme du plus sage patriotisme, le Châtelet n'a pas manqué de prononcer que le Curé, maire, resteroit en prison jusqu'au jugement du fond; comme si ce fond n'étoit pas discuté victorieusement dans la requête et que cela ne dût pas suffire à faire mettre en liberté provisoire un patriote opprimé et captif depuis deux mois.

Ceci, Messieurs, est évidemment fait exprès par le Châtelet, puisque le Maire d'Issy-l'Évêque est pleinement justifié dans sa requête en liberté PROVISOIRE par les mêmes moyens et pièces dont il usera pour se justifier sur le FOND.

Il ne lui reste, pour mieux faire éclater la pureté de sa conduite et l'infamie de ses délateurs, qu'à faire entendre six cents témoins irréprochables tant d'Issy-l'Évêque que des lieux voisins, par forme de faits JUSTIFICATIFS.

Or, c'est là l'opération lente que le jugement du Châtelet veut qui soit faite, avant que le Maire patriote d'Issy-l'Évêque respire un air libre et pur; jugement d'autant plus affreux que ces six cents témoins, dont pas un encore n'est assigné, demeurent à une distance de 80 et 90 lieues de Paris.

Il est clair que, par ce prononcé inique et barbare, le Châtelet veut justifier le décret de prise de corps sans exemple qu'il a osé lancer contre le Maire, et continuer de le faire languir en prison provisoirement; il espère qu'il ne rendra pas compte de ce nouveau forfait, moyennant sa destruction prochaine.

Vous n'avez point, Messieurs, chargé le Châtelet de décréter de prise de corps le Maire d'Issy; vous lui avez seulement renvoyé l'affaire à examiner. Or, qu'a-t-il fait?

1º Il a vu ou plutôt VOULU voir dans l'information des crimes de LÈZE-NATION qui n'y sont point.

2º Ces crimes de LÈZE-NATION chimériques, il les a vus dans les faits d'administration municipale, qu'il a convertis en crimes et imputés au Maire seul.

D'après une conduite semblable, le Châtelet est lui-même doublement criminel de LÈZE-NATION : puisque, d'un côté, il a décrété comme tel un Maire que l'information même, expliquée par les autres pièces et appréciée avec bon sens, prouve avoir été animé dans ses fonctions d'un zèle aussi pur qu'utile à la révolution; et que, d'un autre côté, il a violé les décrets de l'Assemblée nationale en décrétant ce même Maire pour des faits municipaux qui devoient être examinés avant tout par le directoire du Département.

Sans doute, Messieurs, que si le Châtelet eût fait son devoir en vous rapportant qu'il n'y avoit dans cette affaire bien examinée que des faits d'administration municipale, c'est-à-dire de ces choses faites pour la direction du lieu par les officiers municipaux, la Commune et le Maire, et sur lesquelles il s'agissoit au plus de savoir s'ils avoient eu des droits suffisants, vous l'auriez empêché d'incarcérer provisoirement un bon patriote, de le rendre par-là suspect d'avoir trahi la nation, de lui ôter ses moyens naturels de défense en l'isolant de sa Municipalité, et de faire accroire à la Nation qu'une si odieuse conduite étoit l'exécution fidèle des ordres de votre Comité : troisième crime dont le Châtelet est coupable en cette seule occasion.

Le maire d'Issy-l'Évêque n'éprouveroit de la part de ce Châtelet ni un emprisonnement vexatoire, ni l'iniquité qui le prolonge à plaisir, si, comme le Maire de Nimes [1] et les autres, il eût été entendu auparavant à la barre de l'Assemblée nationale ; il espère, Messieurs, y être entendu au plutôt, par le secours de votre justice et de votre affection pour les amis de la patrie. C'est là, c'est dans le Temple de la Nation, qu'il prouvera l'avoir servie loin qu'il l'ait lésée par aucun crime. Il justifiera la conduite de la Commune et de la Municipalité d'Issy dans toutes les délibérations qu'elles lui ont données à suivre, prouvera qu'elles ont été sagement révolutionnaires avec lui, et qu'en lui supposant quelques torts administratifs (*supposition la plus gratuite*), il n'y seroit, lui, que pour sa part.

---

1. Jean-Antoine Teissier, baron de Marguerittes, né le 30 juillet 1744, maire de Nimes, élu le 31 mars 1789 député de la noblesse de la sénéchaussée de Nimes aux États généraux. Un repas qu'il donna en 1790 à la garde nationale de cette ville fut suivi de graves désordres. Dénoncé et mandé le 17 juin à la barre de l'Assemblée nationale, il se défendit avec fermeté. Il fut arrêté en 1793 comme suspect et condamné à mort le 20 mai 1794.

Il répète, en attendant, que le Châtelet l'opprime et le vexe comme bon patriote et n'est pas plus fondé à le juger ni à river ses fers qu'il ne l'a été à l'enchaîner par un décret. Ce décret-là est une *chartre privée*, et le jugement qui joint au *fond* une continuation du même crime... Vous allez, Messieurs, au gré de vos cœurs, arracher à cette persécution le maire le plus pur et le meilleur citoyen : ce sera soustraire l'innocence au crime, la raison à l'absurdité ET LA PATRIE à ses tyrans.

Signé : CAMON, Curé, Maire d'Issy-l'Évêque.
PANIS, homme de loi.

Aucune circonstance n'indique quelle impression fit cette adresse sur le comité des recherches. Au reste, le comité des rapports était depuis longtemps saisi de l'affaire, et c'était à lui à préparer les éléments d'une décision. Un député de Saône-et-Loire, membre de ce dernier comité, avait reçu mission de dresser le rapport. C'était André Merle[1], qui représentait le bailliage de Mâcon et qui était, depuis l'établissement des municipalités constitutionnelles, maire de cette ville, où il jouissait d'une grande popularité. Mais le temps fuyait et le rapport demeurait en suspens. On verra plus loin quels étaient les motifs de ce retard.

---

1. Marie-André Merle, né à Lons-le-Saunier le 27 septembre 1754, pourvu en 1788 de la charge de maire de Mâcon, fut élu, le 29 mars 1789, député du tiers état du bailliage de Mâcon aux États généraux, et, en février 1790, maire constitutionnel de cette ville. Après la dissolution de l'Assemblée constituante, dont il fut secrétaire au 18 juin 1791, il reçut, le 3 septembre, le mandat de procureur général syndic du département de Saône-et-Loire. Suspecté de fédéralisme, il fut destitué de ses fonctions le 26 septembre 1793, arrêté et transféré à Lyon, où il fut condamné à mort le 5 décembre.

II

Trois mois s'étaient passés depuis l'arrestation de Carion. La municipalité d'Issy-l'Évêque, composée de ses amis, déplorait son absence et son emprisonnement prolongé. Elle entreprit des démarches en sa faveur. Le 26 novembre 1790, elle adressa à M. de Talleyrand-Périgord, évêque d'Autun et député du clergé à l'Assemblée nationale, la lettre suivante qui devait, dans la pensée de ses auteurs, demeurer comme « un monument toujours existant et plus durable que l'airain, de la méchanceté, de la fausseté et de la perfidie des ennemis de M. Carion. »[1]

Monsieur l'Évêque d'Autun,

La Municipalité d'Issy-l'Évêque, les Notables, la Commune ou, pour mieux dire, toute la Paroisse assemblée ce jourd'hui 26 novembre 1790, nous redemandons et réclamons avec toute l'ardeur de notre zèle JEAN-FRANÇOIS CARION, notre Curé et Maire, innocent, persécuté, que les fausses imputations, la malice et la méchanceté de ses ennemis, d'accord avec l'injustice de ses juges, retiennent depuis quatre mois dans les fers.

Une si grande dureté, jointe à une si longue absence, nous afflige; infiniment et nous cause des maux qui nous

---

1. *Copie d'une lettre écrite le 26 novembre 1790 par la Municipalité d'Issy-l'Évêque, en Bourgogne, à M. l'Évêque d'Autun, député à l'Assemblée nationale* (s. l. n. d.)

deviennent dans cette paroisse de jour en jour insupportables. Car premièrement, imaginez-vous, M. l'Évêque d'Autun, une grande paroisse comme celle-ci (de neuf lieues de circonférence), sans Pasteur depuis si longtemps, de combien de secours n'est-elle pas privée? Lui sur-tout qui donnoit ses soins par-tout, soulageoit l'un, tendoit une main secourable à l'autre, et se trouvoit enfin par-tout pour y faire le bien qu'il pouvoit.

En second lieu, une municipalité dépourvue de son Chef, qui étoit seul capable d'en remplir dignement les fonctions, dans ce temps sur-tout où les affaires se multiplient et où il ne se trouve personne pour répondre aux difficultés qui naissent tous les jours et pour faire l'ouvrage qui se présente.

Dans toutes ces fâcheuses circonstances, où la peinture que nous vous faisons de nos maux est bien au-dessous de ceux que nous ressentons, notre unique espoir est de nous adresser à vous, M. l'Évêque d'Autun. Remplis de la plus grande confiance dans vos bontés pour nous et pour celui que nous réclamons, nous espérons que vous voudrez bien écouter favorablement nos plaintes, vous rendre sensible, vous intéresser pour lui en prenant sa DÉFENSE, afin de lui obtenir sa liberté et de le rendre A NOS VŒUX.

Nous osons vous dire avec la plus grande assurance qu'il n'y a rien dans sa conduite ni dans toutes ses actions, dont il ait à rougir, n'ayant JAMAIS rien remarqué de répréhensible; mais, au contraire, nous pouvons tous assurer, avec sincérité et la bonne foi dont nous sommes capables, que nous ne lui avons vu faire que du bien; qu'il s'en est toujours occupé depuis le tems que nous avons le BONHEUR DE L'AVOIR POUR CURÉ; que c'est là, enfin, le témoignage que nous sommes tous prêts de rendre en sa faveur; et que, bien éloigné d'être un perturbateur du repos public, comme ses ennemis l'en ont accusé, dans tous ces tems malheureux où il régnoit autour de nous, et dans toutes les paroisses voisines, des troubles et des émeutes continuels, celle-ci est demeurée tranquille et il n'y est arrivé aucun désordre, parce que notre Curé et Maire, attentif à tout, a pourvu à la subsistance des habitans par un grenier d'abondance; et tandis que le tumulte et l'effroi régnaient partout, ISSY-L'ÉVÊQUE, PAR SES SOINS, JOUISSOIT DE LA PAIX ET DE LA PLUS GRANDE TRANQUILITÉ; ici on ne peut en imposer : tous ces faits sont connus de tout le monde.

La Municipalité, son Conseil, la Commune et toute la Paroisse enfin a demandé que cette lettre fût consignée sur le registre, ce que nous avons consenti; afin que nous l'eussions toujours présente sous les yeux, qu'on pût y avoir recours dans le besoin, et que nous puissions sans cesse nous en rappeler le souvenir; et pour qu'elle fût un monument toujours existant et plus durable que L'AIRAIN de la méchanceté, de la fausseté et de la perfidie des ennemis de M. CARION, notre Curé et Maire; et enfin pour être un témoignage authentique de notre respect, et du vrai et sincère attachement que nous avons pour lui.

Nous avons l'honneur, etc.

Signé : les Officiers Municipaux d'Issy-l'Évêque, en Bourgogne.

On ne sait si, comme l'espéraient ses auteurs, cette lettre « rendit sensible » Talleyrand, qui ne l'était guère. Il n'est point resté trace de sa réponse ni de son intervention en faveur de Carion, mais il y a lieu de croire qu'il s'abstint. Ce dignitaire de l'Église, qui n'avait pas célébré la messe depuis le 14 juillet 1790, depuis la fastueuse cérémonie de la Fédération, songeait alors à dépouiller tout à fait le caractère sacerdotal, et sept semaines seulement le séparaient du jour où il se démettrait de l'évêché d'Autun. Il lui importait assez peu qu'Issy-l'Évêque fût privé de son curé, et « la peinture des maux » qui accablaient la paroisse depuis le départ de Carion ne troubla certainement pas son impassibilité. Ce qui put le refroidir encore, ce fut le souvenir de la candidature que le curé d'Issy-l'Évêque n'avait pas craint de poser en face de la sienne, et peut-être aussi celui de la saisie-arrêt pratiquée par l'accusé entre les mains du sieur Chanlon, fermier d'un des domaines de l'évêché. Talleyrand avait assez à faire de payer ses dettes, sans qu'un curé malencontreux vînt encore mettre opposition sur ses revenus.

La lettre des officiers municipaux d'Issy-l'Évêque avait eu, ainsi que les adresses de Carion, les honneurs de l'impression et reçu, par conséquent, une certaine publicité. Les citoyens qui avaient dénoncé la conduite de l'inculpé, et que celui-ci qualifiait d'infâmes délateurs, MM. Mollerat et Frapet, publièrent à leur tour un mémoire en réponse aux adresses de leur curé. Ce document rappelait, en les remettant au point, tous les actes de violence et d'arbitraire établis à sa charge, et il réfutait ses objections relatives à la légalité de la procédure. Quelque long qu'il soit, il convient de le reproduire *in extenso*, comme la plupart des pièces de l'affaire, trop dispersées pour qu'on puisse y renvoyer utilement le lecteur.[1]

OBSERVATIONS

Du sieur Mollerat, ancien maître de forges, et du sieur Frappet, notaire, et l'un des administrateurs du district de Bourbon-Lancy, tous deux habitans et propriétaires du bourg d'Issy-l'Évêque, département de Saône-et-Loire, sur l'adresse présentée à l'ASSEMBLÉE NATIONALE, le 21 novembre 1790, par le sieur Carion, Curé d'Issy-l'Évêque, détenu dans les prisons du Châtelet pour crimes de lèze-nation.

Au mois de mars 1790, nous avons déféré au bailliage d'Autun[2] le sieur Carion, curé d'Issy-l'Évêque.

La tranquillité publique, notre sûreté personnelle, la conservation de nos propriétés, tels ont été les mobiles de notre plainte.

Les preuves résultant de la procédure ont déterminé les Juges à décréter le sieur Carion de prise de corps.

Il s'adresse à l'Assemblée nationale pour obtenir sa liberté et nous accuse d'avoir fait une *délation illégale*.

Il est donc de notre honneur comme de notre intérêt et de l'intérêt public d'exposer les raisons qui nous ont portés à élever la voix contre lui.[3]

Le Curé d'Issy-l'Évêque s'étoit érigé en législateur souverain de sa paroisse; il avoit même fait adopter un code particulier à la commune de ce village, dans une assemblée tenue le 6 octobre 1789; et cette assemblée, toute composée de gens agrestes et illettrés, en avoit

---

1. Imp. de Lefort (s. l. n. d.) Bibl. nat. Lb³⁹ 4.380.
2. Le bailliage d'Autun, après les premières procédures, a renvoyé l'affaire au Châtelet de Paris, comme seul compétent pour juger les criminels de lèze-nation. (Cette note et celles qui suivent émanent des signataires du mémoire.)
3. Le sieur Mollerat est un vieillard octogénaire. A cet âge où la tranquillité d'esprit est le plus précieux de tous les biens, sans doute, il lui a fallu des motifs puissants pour se porter à cette dénonciation.

confié l'exécution à un comité dont elle l'avoit déclaré chef.

L'établissement de ce comité, dont le sieur Carion concentroit en lui seul toute la puissance, répandit la consternation et l'effroi dans le bourg d'Issy et dans les environs.

*Au simple commandement du comité, tout citoyen devoit se rendre en prison. Si, lorsqu'on vouloit le relâcher, il refusoit de sortir sous prétexte qu'il avoit été indûment renfermé, il étoit déclaré traître, condamné à garder prison et à une amende arbitraire. (Tit I*er*, articles 21 et 22 du code.)*

Mêmes peines contre quiconque osoit murmurer. *(Art. 16.)*

Pour donner à toutes les rues une largeur de dix-huit pieds, il est ordonné d'empiéter sur les héritages, d'arracher les arbres et les haies, sans aucune forme de procès. En cas de résistance de la part des propriétaires, amende arbitraire. *(Art. 25, 23, 30 et 36.)*

Chaque particulier est imposé à douze corvées par an et chaque laboureur à huit corvées à bœufs. *(Art. 31 et 32.)*

L'Assemblée nationale a pris les précautions les plus sages pour favoriser la libre circulation des grains. Les lois d'Issy-l'Évêque s'y opposent : elles défendent de conduire du bled hors du territoire, sinon amende de cinquante livres et confiscation. Elles veulent qu'il ne se vende du bled qu'au marché et ordonnent aux propriétaires de l'y amener; s'ils refusent, le comité l'enverra chercher à leurs frais. *(Tit. 2, art. 9, 15 et 35.)*

Pour subvenir aux dépenses, il s'établit un impôt sur le bled, sur le vin, sur les bestiaux; les amendes et les confiscations se multiplient, et la commune envahit sur les particuliers une partie du territoire. *(Art. 38, 40, 42 et autres.)*

Le législateur s'assure des prosélites, en dissolvant les conventions, même par acte notarié, en réduisant d'un quart le prix de la mouture et celui de la ferme des moulins, en promettant aux laboureurs la protection du comité contre les propriétaires, en s'engageant à surveiller la conduite des tribunaux. *(Tit. premier, art. 12; tit. 2, art. 27, 28 et 32.)*

Le serment qui termine ce code est l'acte du despotisme le plus absolu. Tout habitant doit jurer une obéissance aveugle aux articles du règlement et du comité, le sacrifice de sa vie en faveur de ceux qui obéiront, une haine implacable, une vengeance éternelle aux refusans, qui sont qualifiés de traîtres, d'ennemis de la commune.[1]

Ce serment fut prononcé à l'assemblée du 6 octobre, et le bourg d'Issy-l'Évêque vit bientôt se multiplier les excès et les violences.

Une escorte de gens armés de faulx, de pieux, de haches, de bâtons, prêts à voler aux ordres du sieur Carion, environnoit la cure. Des détachemens alloient forcer les propriétaires et les fermiers dans les domaines; on s'emparoit de leur bled, on les obligeoit de le conduire à Issy. Souvent des voitures chargées de grains, quoique escortées par des cavaliers de la maréchaussée, furent arrêtées et conduites à la cure où le bled restoit en dépôt.[2]

Les grains envahis sortoient rarement du bourg. Plusieurs propriétaires n'en reçurent pas le prix, et toujours le bled fut vendu à un taux bien inférieur aux cours.[3]

---

1. Une copie de ce code, écrite de la main du sieur Carion, a été déposée par le sieur Mollerat chez un notaire. Elle est aujourd'hui annexée à la procédure.

2. Ces excès ont commencé le lendemain du jour où le sieur Carion publia le décret de l'Assemblée nationale sur la libre circulation des grains.

3. Un fermier assez pauvre a perdu 18 sols par chaque mesure de bled du poids de 36 livres; il en avoit 75 au marché.

La générale battoit aux ordres du sieur Carion ; il alloit à la tête de 50 à soixante journaliers, précédé d'un tambour, faire arracher les arbres, les haies, démolir les murs [1], dévaster les héritages qu'il sacrifioit à l'élargissement des rues. Il se fit suivre de la même troupe pour s'emparer de deux parties du territoire d'Issy-l'Évêque. Il s'appropria l'une et distribua l'autre aux gens de sa suite, à titre de bail à ferme au profit de la commune et à des conditions très favorables aux fermiers. [2]

Le comité ou plutôt le curé d'Issy-l'Évêque s'arrogeoit tous les genres de pouvoirs. Il affermoit l'impôt; il contraignoit par une ordonnance exécutoire, nonobstant appel, le fermier d'un propriétaire à délivrer au comité partie du prix de son bail; il autorisoit un meunier à déclarer au propriétaire du moulin qu'il entendoit réduire d'un quart le prix de sa ferme.

Si l'oppression arrachoit à un citoyen quelques signes de mécontentement, aussitôt les agens du sieur Carion venoient le saisir et le traduisoient à la cure, au milieu des insultes, des menaces et des violences. Le moyen d'échapper à la prison étoit de désavouer ses murmures, d'en demander pardon, quelquefois à genoux, et de payer les frais de l'acte qui devoit consacrer à jamais ces humiliations.

Souvent on l'avoit entendu répéter dans ses prônes : *Je crains Dieu et le roi et ne crains point les autres hommes ; j'ai la force en main, je n'agis que par de bons ordres*, etc. Jamais il n'a fait mention de l'Assemblée nationale; au contraire, le nommé Desnoyers, sixième témoin de l'information, dépose avoir ouï dire

---

1. C'est avec cet appareil qu'un mur de clôture de 15 toises de longueur sur six pieds de hauteur, appartenant au sieur Frappet, a été démoli.

2. Ces deux parties du territoire appartiennent à divers particuliers : les sieurs Mollerat et Frappet sont du nombre.

au sieur Lardy, vicaire de la paroisse, que le sieur curé avoit dit : qu'il ne demandoit pas mieux que d'avoir une affaire majeure avec l'Assemblée nationale, affin de faire voir à cette assemblée les torts qu'elle avoit, et que, quand il devroit être pendu, il viendroit à bout de ses projets.

Ces propos animés du feu de la religion enflammoient ses prosélites d'une espèce de fanatisme qui assuroit à ses volontés l'exécution la plus prompte.

Ses excès, ceux de ses agens, devenoient tous les jours plus effrayans. La fortune, la vie des citoyens paisibles n'étoient plus en sûreté; sans cesse, ils étoient menacés du feu, du pillage et de la mort. Nous eûmes, nous-mêmes, à trembler pour nos enfants.[1]

La terreur générale et nos propres craintes nous décidèrent à invoquer le secours des loix contre l'abus d'un pouvoir aussi dangereux qu'illégal. Nous déférâmes donc le sieur Carion au bailliage d'Autun.[2]

Notre plainte se portoit sur l'opposition du curé d'Issy-l'Évêque à l'exécution des décrets de l'Assemblée nationale touchant la libre circulation des grains et l'abolition des corvées;

Sur les maximes séditieuses qu'il avoit débitées dans la chaire;

Sur son usurpation de tous les genres de pouvoir;

Sur les attentats multipliés qu'il avoit commis contre la sûreté et la liberté des personnes et des propriétés.

Le procureur du roi rendit plainte, l'information fut ordonnée. Un nombre infini de témoins attesta les délits

---

[1]. Le nommé Colas, récemment sorti des galères auxquelles il avoit été condamné pour crimes, l'un des plus ardens satellites du sieur Carion, annonçoit publiquement qu'il couperoit la tête avec sa hache à la femme du sieur Mollerat, lorsqu'elle viendroit à la messe. Le sieur Frappel, sa femme et ses enfans furent réduits à se retirer du bourg d'Issy-l'Évêque.

[2]. La dénonciation a été faite par requête du 17 mars.

du sieur Carion, dont ils avoient été les témoins ou les victimes.

Les excès du curé d'Issy-l'Évêque parurent au bailliage d'Autun autant de crimes de lèze-nation ; en conséquence la procédure fut renvoyée au Châtelet de Paris.

Une information additionnelle a été ordonnée au Châtelet : elle a fourni de nouvelles preuves contre l'inculpé.

Décrété de prise de corps et traduit dans les prisons du Châtelet, le sieur Carion a demandé sa liberté provisoire ; mais les juges n'ont pas accueilli sa requête.

Alors il a présenté à l'Assemblée nationale une adresse tendante à ce qu'elle daigne le remettre en liberté.

Instruits de cette tentative, nous nous empressons d'exposer nos allarmes et celles de tous les propriétaires de la paroisse d'Issy-l'Évêque [1] ; notre position nous en impose même l'obligation, et le sieur Carion la rend plus indispensable, lorsqu'il semble ne vouloir nous nommer que pour nous flétrir dans l'opinion publique.

L'esprit de fureur est assoupi dans le bourg d'Issy-l'Évêque, les troubles se sont apaisés quand leur auteur a disparu ; mais, s'il se montre, ils sont prêts à renaître. Les hommes qu'il tenoit à sa solde, les laboureurs, les journaliers dont il se disoit le protecteur, seront encore les instruments de sa vengeance [2]. Nous n'avons donc pu nous trop hâter de mettre la vérité dans tout son jour.

Dans son adresse, le curé d'Issy-l'Évêque traite notre plainte de délation illégale.

Le délateur se cache, et nous n'avons pas craint de nous nommer.

---

1. Il y a 76 domaines dans l'étendue de cette paroisse.

2. Le sieur Carion avoit choisi les exécuteurs de ses ordres parmi les laboureurs et les journaliers. Il leur payoit une espèce de solde avec partie du prix des grains qu'il saisissoit.

En chaire, il disoit aux laboureurs, aux locataires : *Vous êtes les maîtres ; les propriétaires ne peuvent exiger que ce que vous voudrez donner*, etc.

Notre plainte n'est pas illégale en elle-même; toute victime de l'oppression a le droit d'appeler les loix à son secours.

Pour toute réponse, nous aurions pu nous borner à rappeller avec quel scandale le s^r Carion a violé tous les droits de citoyen, avec quelle obstination il s'est opposé à l'exécution des décrets de l'Assemblée nationale.

Mais c'est à la faveur même d'un de ses décrets qu'il demande sa liberté.

Ce décret porte que : *tout citoyen, avant de rendre plainte contre les officiers municipaux, à raison des délits d'administration, sera tenu de soumettre sa plainte au directoire du département.* On n'a pas observé cette forme à l'égard du curé d'Issy-l'Évêque, quoiqu'à l'époque de la dénonciation il fût déjà élu maire; il en conclut que la procédure est nulle, qu'elle est illégale.

Ce raisonnement est la seule base de sa demande; car s'il parle ensuite des faits articulés dans la plainte, ce n'est que pour en affaiblir l'impression en les dénaturant.

Nous observons : 1° que si le sieur Carion étoit déjà maire d'Issy-l'Évêque à l'époque de la plainte, il ne l'étoit pas à l'époque des délits qui en font le sujet. Son élection est du mois de février 1790; ses délits ont été commis dans les mois d'octobre, novembre et décembre;

2° L'usurpation des pouvoirs législatifs et judiciaires, l'infraction formelle et violente des décrets de l'Assemblée nationale, des attentats multipliés à la liberté des personnes et des propriétés, ne sont pas de simples délits d'administration;

3° Le département ne s'est formé qu'au mois de may 1790 et la plainte est du 18 mars précédent. Cette plainte ne pouvoit pas être soumise au directoire du département avant qu'il existât.

Enfin le décret du 16 janvier 1790 avait autorisé *tous juges ordinaires à informer de tous crimes, quelques fussent leur nature et la qualité des accusés, sauf ensuite le renvoi au Châtelet de ceux dont la connoissance lui étoit particulièrement et provisoirement attribuée. A l'époque de la plainte, c'est-à-dire du 18 mars 1790, le bailliage d'Autun étoit donc compétent jusqu'après l'information, sauf ensuite à renvoyer au Châtelet, renvoi qu'il a effectué.*

Ainsi la procédure instruite contre le sieur Carion n'est pas contraire aux décrets de l'Assemblée nationale et n'attente point au pouvoir administratif.

C'est cette procédure qui a rassuré les propriétaires d'Issy-l'Évêque; c'est elle qui a ramené le calme dans ce canton si longtemps agité; l'annuller maintenant et rendre la liberté au sieur Carion, ne seroit-ce pas engager l'Assemblée nationale à réunir elle-même des pouvoirs qu'elle a si sagement divisés? Ne seroit-ce pas évidemment mettre le sieur Carion en état de satisfaire sa vengeance et de joindre à ses premiers excès des excès encore plus funestes?

Signé : MOLLERAT et FRAPET.

Ce qui ressort surtout de ce mémoire, c'est la crainte de voir revenir Carion. Le Châtelet devait trouver dans la procédure tous les éléments de conviction, et les observations des signataires n'y ajoutaient pas grand'chose; mais le retour du turbulent curé les préoccupait plus que les violences passées dont ils avaient eu à se plaindre, et, au moment où l'accusé réclamait son élargissement, ils jugeaient nécessaire de signaler les dangers que sa rentrée ferait courir à la tranquillité du pays.

CHAPITRE III

La députation d'Issy-l'Évêque.

I

Pendant que MM. Mollerat et Frapet rédigeaient leur mémoire, d'autres s'intéressaient à l'accusé. La Société des Amis de la Constitution, qui se réunissait à Paris dans le couvent des Jacobins et qui en prit le nom tristement célèbre, comptait des adhérents dans toutes les villes de province. Une société analogue s'était formée, le 9 septembre 1790, à Autun. *Le Moniteur* du 7 mars 1791 mentionne son affiliation à celle de Paris, et la liste qu'il publiait ce jour-là ne comprend pas moins de deux cent vingt-neuf sociétés. Une fois établies, ces sociétés se donnaient réciproquement avis de leur existence, ouvraient une correspondance, échangeaient des dénonciations et mettaient leurs influences respectives au service de leurs membres. Toutes recevaient le mot d'ordre de Paris et s'y conformaient avec un esprit de discipline qui donna bientôt une puissance redoutable à cette vaste organisation[1]. Les allures

---

1. Le nombre des Sociétés populaires qui fonctionnaient en juin 1791, à l'apogée de l'influence jacobine, n'était pas inférieur à un millier. La société de Paris comprenait environ douze cents membres.

autoritaires de Carion, sa soif de réformes, sa manie légiférante, ne pouvaient manquer d'exciter en sa faveur les sympathies des Jacobins autunois. Par une lettre du 3 décembre 1790, ceux-ci appelèrent l'attention de leurs frères de Paris sur la suite à donner aux réclamations du prisonnier[1]. Leur demande fut écoutée, et les Amis de la Constitution promirent leur concours, ainsi qu'en fait foi la lettre suivante :[2]

Société des Amis de la Constitution à la Société d'Autun, Comité de Correspondance.

Paris, le 31 décembre 1790.

Messieurs,

Nous avons reçu votre lettre du 3 de ce mois, et nous y avons vu avec plaisir les nouvelles marques de votre surveillance active.

Le sort de M. Carion, Curé et Maire d'Issy-l'Évêque, nous intéresse vivement ; les éloges que vous donnez à son patriotisme et à son respect pour la loi, quand l'abus dont vous vous plaignez le frappe d'une manière si cruelle, sont un témoignage consolant pour ce citoyen courageux ; nous ne perdons pas un instant de vue sa malheureuse situation, et nous assurons d'avance que

---

1. On lit dans le *Journal des Amis de la Constitution*, rédigé par P. Choderlos « ci-devant de Laclos », publication périodique de la correspondance de la Société : « Correspondance hebdomadaire. Séance du 8 décembre. Sociétés affiliées... Autun, 3 déc. Réclame en faveur de M. Carion, curé et maire d'Issy-l'Évêque, détenu au Châtelet. » (N° 3, 14 décembre 1790.)

2. *Pièces relatives à l'emprisonnement aristocratique de M. Carion, curé et maire d'Issy-l'Évêque, en attendant l'impression de toutes les autres.* Paris, imp. de Dumaha (Bibl. nat. Lb³⁹ 9803).

les membres du Comité des Rapports de l'Assemblée nationale, qui le sont aussi de notre Société, donneront à cette affaire toute leur attention. Nous espérons, Messieurs, qu'elle se terminera à l'avantage du respectable curé dont vous nous confiez la défense et auquel nous nous faisions déjà un devoir de rendre la justice qu'elle mérite.

Nous sommes avec des sentiments fraternels

les membres du Comité de Correspondance.

Signé : VILLARS,[1] président; D. C. VIMEUR ROCHAMBEAU[2], secrétaire; G. BONNE-CARRER[3], H.-Fr. VERCHÈRE[4], député à l'Assemblée nationale; Jacques MENOU[5],

---

1. N. de Villars, homme de lettres, fut un des fondateurs du club des Jacobins, dont il présida le comité de correspondance. Chargé, en avril 1792, d'une mission à Mayence, il fut nommé, en septembre 1794, ministre de France à Gênes et rappelé en mars 1796.

2. Donatien-Marie-Joseph de Vimeur, vicomte de Rochambeau, né en 1750, prit part en 1781 à l'expédition d'Amérique commandée par son père. Nommé maréchal de camp en 1791, il fut envoyé en 1793 à la Martinique, et plus tard à Saint-Domingue, qu'il fut obligé d'abandonner. Pris en mer par les Anglais, il ne fut libéré qu'en 1811. Il servit ensuite comme général à l'armée d'Allemagne, et fut tué en 1813, à Leipsick.

3. Guillaume de Bonne-Carrère, né le 13 février 1754, d'abord sous-lieutenant, puis chargé d'une mission aux Indes, fut un des fondateurs du club des Jacobins et y fit partie simultanément de trois comités. Nommé le 19 mars 1791 ministre de France à Liège, il ne fut pas reconnu par le prince-évêque et revint à Paris, où Dumouriez, alors ministre des affaires étrangères, le mit à la tête d'un bureau politique. Décrété d'accusation et arrêté le 7 avril 1793, il fut élargi au mois de septembre. En 1810, Mac-Donald le créa directeur général de la police en Catalogne. Il mourut à Versailles le 9 novembre 1825.

4. Hugues-François Verchère de Reffye, né à Marcigny (Saône-et-Loire) le 12 avril 1752, avocat, fut élu, le 3 avril 1789, député du tiers état du bailliage d'Autun aux États généraux. Il fit partie du comité des recherches et fut élu, le 7 mai 1790, secrétaire de l'Assemblée. Il mourut à Marcigny le 10 février 1793.

5. Jacques-François de Menou, baron de Boussay, né le 13 septembre 1756, maréchal de camp en 1781, élu, le 29 mars 1789, député

Victor BROGLIE [1]; du Pl. Rich. d'AIGUILLON [2]; BARNAVE [3] et Charles LAMETH [4].

Presque tous ces noms sont ceux de modérés qui ne rêvaient rien au delà de la monarchie constitutionnelle. Les passions se contenaient encore. Des relations d'apparente cordialité unissaient des hommes qu'un abime allait bientôt séparer. Barnave, Le Chapelier, le prince de Broglie, le général de Beauharnais, siégaient fraternellement avec Robespierre, Legendre, Barère, Collot-d'Herbois, Billaud-Varennes, les futurs guillotinés avec les futurs guillotineurs.

de la noblesse du bailliage de Touraine aux États généraux, présida les premières séances de la Société des Amis de la Constitution. Il fut envoyé en Vendée, défendit la Convention le 4 prairial an III, fit partie de l'expédition d'Égypte et en reçut le commandement à la mort de Kléber. Il mourut, le 13 août 1810, gouverneur de Venise.

1. Victor-Claude, prince de Broglie, né le 22 septembre 1756, était colonel du régiment de Bourbon, quand il fut élu, le 1er avril 1789, député de la noblesse du bailliage de Colmar et Schlestadt aux États généraux. Il présida le club des Jacobins du 9 janvier au 4 février 1791. Maréchal de camp à l'armée du Rhin, il fut destitué après le 10 août 1792, et condamné à mort le 27 juin 1794.

2. Armand-Désiré de Vignerot-du-Plessis-Richelieu, duc d'Aiguillon, né le 31 octobre 1760, arrière-petit-fils de Françoise du Plessis, sœur du cardinal de Richelieu, fut élu en 1789 député de la noblesse de la sénéchaussée d'Agen aux États généraux. Il proposa le premier, dans la nuit du 4 août, le remboursement des droits féodaux. Il émigra en 1792 et mourut à Hambourg le 3 mai 1800.

3. Pierre-Joseph-Marie Barnave, né le 22 octobre 1760, avocat, élu en 1789, par l'assemblée des trois ordres du Dauphiné, député aux États généraux, fut arrêté le 19 août 1792, et décapité le 18 novembre 1793.

4. Charles-Malo-François, baron de Lameth, né le 5 octobre 1757, colonel de cuirassiers, servit en Amérique et fut élu, le 30 avril 1789, député de la noblesse de l'Artois aux États généraux. Expatrié en 1792, député sous la Restauration, il mourut le 28 décembre 1832.

Un voile épais leur cachait les rôles qu'ils allaient jouer les uns et les autres dans les péripéties du drame qui n'en était qu'au prologue. L'heure n'était pas éloignée cependant où les divergences de vues s'accentueraient. Six mois après, la rupture éclatait entre les modérés et les violents de la Société. Les premiers, abandonnant le couvent des Jacobins, se transportaient au Palais-Royal, puis au couvent des Feuillants, où ils se réunirent désormais en gardant le nom d'Amis de la Constitution. Verchère de Reffye, Merle et Fricaud furent du nombre. Quand cette scission eut été consommée, les Jacobins eurent le champ libre, et ils ne tardèrent pas à devenir les maîtres de la situation.

En même temps que les Amis de la Constitution échangeaient leur correspondance, le conseil municipal d'Issy-l'Évêque protestait contre les *Observations* de MM. Mollerat et Frapet, qu'il taxait d' « écrit calomnieux et rempli de faussetés ». Sa délibération du 2 janvier 1791 présentait les faits sous un jour très différent. A en croire les officiers municipaux, Carion avait simplement exécuté les décisions du conseil. S'il avait lutté contre MM. Mollerat et Frapet, c'était pour soustraire le pays « à leur oppression tyrannique. » Il avait procuré à la paroisse « sécurité, tranquillité, et subsistance, » et son absence était profondément regrettable, puisque, depuis son départ, ainsi que l'atteste en post-scriptum le juge de paix, « la tranquillité ne règne point à Issy-l'Évêque et qu'il arrive tous les jours des vols. » La municipalité commit, en conséquence, trois députés, Jean Paillet, jardinier, Lazare Ledey, officier municipal, et Jean Diot, propriétaire à Grury, pour se rendre à Paris, présenter une adresse à l'Assemblée nationale et demander l'élargissement de Carion. Sa délibération était ainsi conçue :[1]

Cejourd'hui 2 janvier 1791, les Officiers municipaux, les Notables et toute la Commune d'Issy-l'Évêque régulièrement assemblés au lieu accoutumé, indignés des atrocités qu'exercent depuis trop longtemps contre M. Carion, curé et maire de cette paroisse, les nommés Mollerat et Frapet, habitans d'Issy-l'Évêque, pénétrés de ce que toutes les délibérations de la Municipalité de la Commune d'Issy et des autres Municipalités du canton, adressées à l'Assemblée nationale pour prouver l'innocence de M. Carion, son amour pour les pauvres, et son sincère attachement à la Constitution qu'il a prêchée jusqu'au moment où il nous a été enlevé, soient toutes restées sans effet.

Nous n'avons pu aussi entendre, sans éprouver une nouvelle indignation, un écrit ayant pour titre : Observations des s^{rs} Mollerat, ancien maitre de forge, et Frapet, notaire royal, habitans d'Issy-l'Évêque, sur l'adresse présentée à l'Assemblée nationale, le 21 novembre 1790, par le s^r Carion, curé d'Issy-l'Évêque : ledit écrit en deux feuilles d'impression de l'imprimerie de *Leford* et compagnie, rue des Ménétriers, n° 9, à Paris.

1. *Pièces relatives à l'emprisonnement aristocratique de M. Carion, curé et maire d'Issy-l'Évêque.*

Nous protestons et reconnaissons que cet écrit est calomnieux et rempli de faussetés ; qu'au contraire tous les faits exposés en l'adresse de M. notre Maire sont de toute vérité ; que depuis l'établissement du Comité, le 6 octobre 1789, dont M. Carion fut élu président, il n'y a rien eu de fait à Issy-l'Évêque qu'en exécution de délibérations librement prises ; que M. le maire n'a jamais rien fait de son chef ; qu'il n'a fait qu'exécuter les délibérations dont il a été chargé ; que loin d'avoir travaillé pour son profit particulier, il a sacrifié ses intérêts, donné une partie de son jardin pour tenir les foires que nous avons rétablies ; qu'il a avancé tous les fonds nécessaires à la réparation des chemins de notre Bourg ; qu'il a payé pour les indigens le bled qu'ils ont pris au grenier d'abondance ; qu'il a fait touttes les avances qui ont été nécessaires à la formation de notre garde nationale ; nous déclarons enfin que notre nouvelle administration a procuré à la Paroisse sûreté, tranquillité et subsistance sans qu'aucun citoyen soit fondé à s'en plaindre, pas même l'élargissement des rues, par ce que la sûreté publique l'exigeoit impérieusement, ayant été témoins de plusieurs accidents, même de la mort d'un homme que l'étranglement de l'un de ces chemins a occasionnée. Quant au s* *Frapet,* il y avoit dix-huit mois qu'il abusoit de son autorité de procureur d'office pour réduire le grand chemin qui conduit de Luzy à Toulon, à huit pieds de largeur de dix-huit qu'il avoit auparavant ; et son mur n'a été démoli qu'après avoir observé toutes les formalités nécessaires.

La méchanceté la plus noire dirige la conduite des délateurs de M. *Carion,* notre maire ; depuis que nous avons le bonheur de l'avoir pour curé, il nous a soutenus contre leur oppression tyrannique ; il a fait les plus grands efforts pour conserver à la Commune d'Issy cent bichetées de terre nommés le Communal des Grandes

Bruyères contre les prétentions de Mollerat et de ses adhérents, ligués pour perdre, s'il leur étoit possible, M. le Curé, seul digue que nous ayons pu opposer à leur cupidité et à leur despotisme. Voilà ses torts jusqu'à ce jour.

Les fortunes immenses que les s^rs Mollerat et Frapet ont amassées aux dépens des malheureux en entassant les bleds pour n'ouvrir leurs greniers que lorsqu'ils sont les maîtres des prix excessifs qu'ils sont dans l'habitude d'y mettre, les ont fait venir à bout de toutes leurs entreprises. Ces temps heureusement ne sont plus, et, sous l'empire des lois, essayons de démasquer l'hypocrisie et de faire triompher la vérité.

A cet effet, *Nous* tous les habitans d'Issy-l'Évêque, faisons nos procureurs généraux et spéciaux JEAN PAILLET, jardinier, LAZARE LEDEY, officier municipal, et JEAN DIOT, propriétaire à Grury, députés de notre part, auxquels nous donnons pouvoir de présenter au nom de la Municipalité et Commune à l'Assemblée nationale une adresse pour réclamer contre les calomnies des délateurs de M. Carion, notre Curé et Maire, et demander qu'il soit mis en liberté et rendu à nos vœux; de faire rédiger cette adresse par un homme de loi à Paris, à la vue des différentes délibérations prises tant en Comité qu'en Municipalité et en Assemblées générales; et pour subvenir aux frais, nous avons présentement remis à nosdits procureurs spéciaux la somme de deux cent dix livres; nous promettons de contribuer pour le surplus des dépenses qu'ils pourront faire et d'avoir pour agréable tout ce qu'ils feront en exécution de la présente délibération, et avons signé.

Le registre est signé de tous ceux qui le savent, et les noms de ceux qui ne le savent pas et qui étoient présens y sont portés de même que sur l'extrait dont les députés sont porteurs.

Suivent les adhésions des paroisses qui forment le canton ; et ensuite est le certificat du juge de paix conçu en ces termes :

« Nous soussignés *Juge de paix* et *Bijon* Greffier du
» canton d'Issy-l'Évêque, adhérons à la délibération ci-
» dessus ; et certifions que depuis l'absence de M. le Curé,
» maire d'Issy-l'Évêque, la tranquillité n'y règne point,
» et qu'il arrive tous les jours des vols, et avons signé. »

Signé sur le registre : Couchot,
Juge de paix du canton d'Issy-l'Évêque.

Bijon, greffier.

Par extrait : Mougneret, greffier.

II

Les Jacobins d'Autun ne s'en tinrent pas à leur première intervention ; ils jugèrent à propos d'appuyer la démarche qui allait être faite. Le 7 janvier 1791 — an III de la Liberté, suivant eux, le calendrier républicain n'étant pas encore inventé — ils écrivirent à leurs amis de Paris pour leur recommander la députation d'Issy-l'Évêque et les prier de « faire admettre à la barre de l'Assemblée ces estimables villageois. » La lettre est un précieux échantillon du style sentimental de l'époque. On avait alors beaucoup de goût pour l'antiquité romaine, et une allusion au Paysan du Danube se glissa tout naturellement sous la plume fleurie des signataires.[1]

Du 7 janvier, l'an trois de la liberté.

MESSIEURS,

Les Amis de la Constitution, persuadés qu'ils seroient indignes de ce beau titre, s'ils n'étoient pas toujours prêts à défendre l'innocence opprimée, ont élevé la voix en faveur de M. CARION, curé et maire d'Issy-l'Évêque.

Nous avons rempli, Messieurs, les premiers devoirs de l'honneur et de l'humanité. Nous avons formé le projet de faire triompher de ses ennemis l'homme le plus juste comme le plus persécuté.

L'amour de la justice nous anime; ce sentiment si louable, en nous rapprochant de vous, Messieurs, nous persuade que vous n'abandonnerez pas un homme dont le crime est d'avoir ardemment désiré le bien et d'avoir osé le faire dans un temps où il falloit un courage presque surnaturel pour le tenter.

Vous rendrez sans doute impuissante la scélératesse de ses ennemis; ses généreux Paroissiens lui ont offert, il y a quelques mois, une contribution qu'ils se sont imposée. Ce trait, au-dessus de tous les éloges, devoit être encore suivi d'un plus grand dévouement.

Nous vous annonçons, Messieurs, une députation de la paroisse qui le chérit, parce qu'il en a toujours fait le bonheur; ces honnêtes citoyens veulent offrir à l'auguste Assemblée nationale et l'hommage de leur respect et le

---

[1]. *Pièces relatives à l'emprisonnement aristocratique de M. Carion, curé et maire d'Issy-l'Évêque.* Voir également le *Journal des Amis de la Constitution* du 1ᵉʳ février 1791 (t. I, n° 10, p. 436), qui constate que le comité de correspondance a pris connaissance, à la séance du 23 janvier, de la lettre adressée le 7 janvier par la Société d'Autun et en donne un extrait.

tribut plus satisfaisant de leur amour, en implorant sa justice pour leur digne Curé.

Ils vont réclamer à quatre-vingt lieues un Pasteur dont ils sont privés par le décret judiciaire le plus odieux.

L'enthousiasme, Messieurs, échauffera tous vos cœurs du feu le plus pur, lorsque vous verrez de bons villageois pénétrer d'un pas timide dans la salle de vos séances.

Les Amis de la Constitution, jaloux et dignes d'honorer la vertu, osent vous supplier, Messieurs, de faire admettre à la barre de l'Assemblée ces estimables villageois.

Vous accueillerez, sans doute, avec bonté ces hommes dont le langage et le vêtement vous sont étrangers, mais qui vont implorer la justice de l'Assemblée nationale, comme on vit autrefois un paysan du Danube venir haranguer le Sénat romain.

Nous sommes très fraternellement les membres de la Société des Amis de la Constitution établie à Autun,

Signé : LEGÉ [1], président; LAMBERT, secrétaire; BORDET [2], secrétaire.

Les trois députés d'Issy-l'Evêque parcoururent sans encombre les quatre-vingts lieues qui les séparaient de la capitale. Ce fut à pied naturellement, car ils avaient reçu chacun soixante-dix francs pour leurs frais de voyage et de séjour, et la plus stricte économie s'imposait à eux. A l'heure même où ils franchissaient les barrières de Paris, l'Assemblée nationale discutait une loi

---

1. François Legey, originaire d'Autun, fut élu en 1790 administrateur du district, puis, le 4 septembre 1791, membre de l'administration départementale.

2. Il faut lire Bordenet. C'était un ancien procureur près le bailliage d'Autun, qui devint membre, comme notable, du conseil général de la commune.

qui intéressait beaucoup Carion et dont le vote ne devait pas être sans influence sur le sort de son affaire. A la séance du 8 février, Le Chapelier présenta son rapport sur la formation de la haute Cour nationale destinée à connaître des crimes de lèse-nation. La délibération fut assez courte. Il convient d'en retenir deux articles pour l'intelligence de ce qui suit :

Art. IV. — La haute Cour nationale connoîtra de tous les crimes et délits dont le Corps législatif jugera nécessaire de se rendre l'accusateur; nulle autre affaire ne sera portée à la haute Cour.

Art. V. — La haute Cour nationale ne se formera que quand le Corps législatif aura porté un décret d'accusation.

On verra plus loin l'argument qui fut tiré de ces dispositions en faveur du curé d'Issy-l'Évêque. Malouet fut à peu près le seul contradicteur du projet. Il fit observer avec raison qu'il importait de préciser les cas de lèse-nation avant de créer pour ces vagues attentats une juridiction spéciale. Mais l'Assemblée ne voulait pas attendre la discussion du code pénal, et elle vota en deux heures les dix-huit articles du projet. C'était une satisfaction toute platonique, car le décret ne fut pas promulgué et resta provisoirement dans les cartons.

La veille même, les députés d'Issy-l'Évêque avaient été reçus au club des Jacobins. Leur démarche émut jusqu'aux larmes les membres de cette société, Camille Desmoulins en rendit compte, ainsi qu'il suit, dans son journal des *Révolutions de France et de Brabant*.[1]

A la salle des Jacobins affluent sans cesse des députations, ou pour les féliciter ou pour demander leur communion, ou pour éveiller leur vigilance, ou pour le redressement des torts. Parmi celles qui ont ce dernier objet, je dois faire mention d'une députation attendrissante des paysans d'Issy-l'Évêque.

Un Danton en soutane, M. Carion, curé et maire d'Issy-l'Évêque, est détenu depuis six mois au Châtelet. On se souvient qu'à cette époque les aristocrates, qui font semblant de croire que la France va former 83 grandes républiques, divisées en 600 moyennes républiques, sous-divisées elles-mêmes en 48,000 petites républiques, citèrent pour exemple la république ou plutôt le petit royaume d'Issy-l'Évêque, qu'un curé venoit de fonder près d'Autun. Déjà, publioient tous les aristocrates, M. Carion, à l'exemple de Clodion le Chevelu, s'est fait élever sur le pavois du village. A la fois législateur, roi, pontife et général, il rendoit des décrets, établissoit des foires, levoit des troupes, faisoit abattre un pan de murailles pour élargir la grande rue de sa capitale, enfin *partageoit les terres* comme Lycurgue.

Le Châtelet étoit alors saisi de la connoissance des crimes de lèze-nation. A ces nouvelles, Flandres-de-Brunville fait un beau réquisitoire suivi d'un décret contre le curé. Deux aristocrates de village, mais non moins vauriens que ceux de la cour et de la ville, nommés Mollerat et Frapet, avoient brassé cette affaire et parvinrent à traîner dans les cachots du Châtelet un excellent patriote, un pasteur vénérable et de la trempe de Féne-

---

[1]. N° 63, 7 février 1791.

lon, en attendant que Boucher d'Argis trouvât le moyen de l'enterrer dans le *galbanum* de Bicêtre.

Voici maintenant ce qui résulte d'une instruction de cinq mois. Ce que les accusateurs aristocrates avoient appelé le *code* du curé législateur, c'étoit le règlement provisoire de la commune et le *registre de ses délibérations*. C'étoient là les décrets de M. le curé. L'armée qu'il levoit pour défendre la frontière étoit la *garde nationale* du village, qui, avant que l'Assemblée nationale ait défendu la cumulation des pouvoirs, avoit voulu que M. Carion réunît l'écharpe à la double épaulette et à l'étole. *L'amodiation paisible et faite sans réclamation* d'un terrein *communal* pour subvenir à l'équipement de la garde nationale, c'est là ce que le procureur du roi du Châtelet nommoit *le partage des terres*. Il avoit rétabli momentanément d'anciennes petites foires pour faire vivoter ses patriotes, en quoi il ne faisoit qu'user de la liberté accordée par les décrets qui ont aboli les privilèges, voilà ce que M. Frapet qualifioit d'usurpation d'un droit de souveraineté. Une cotisation volontaire pour subvenir (sans préjudice de l'impôt) aux dépenses que nécessitoit l'aristocratie, c'étoit lever des tributs. Enfin la destruction d'un mur illégal et arbitraire, servitude imposée au village, dont le propriétaire même reconnoissoit l'injustice et que le maire, de l'avis du conseil général de la commune, faisoit ouvrir, voilà ce pan de murailles que le roi Carion faisoit abattre pour l'embélissement de ses états, qui ne laissent pas que d'avoir neuf lieues de circonférence et de surpasser en étendue la république de Saint-Marin. Aujourd'hui une députation d'Issy-l'Évêque, envoyée à l'Assemblée nationale pour réclamer contre la longue et tyrannique détention de leur curé, est venue intéresser en sa faveur la Société des Jacobins, où ces bons villageois ont parlé en ces termes...

Les « bons villageois » n'avaient qu'un discours, et il est inutile de reproduire celui qu'ils débitèrent aux Jacobins, puisqu'ils le recommencèrent trois jours après devant l'Assemblée nationale. Il suffit de constater que « l'attendrissement fut universel » et de noter la conclusion de Camille Desmoulins.

M. l'évêque d'Autun, dit-il, vient de se démettre ; il seroit digne de l'assemblée électorale du département de Saône-et-Loire de faire passer le digne curé d'Issy-l'Évêque de l'obscurité des cachots à la splendeur de la chaire épiscopale du département ; mais la ville d'Autun, une des plus anciennes, n'est pas des plus patriotes.

Déjà, à propos de l'envoi de canons fondus au Creusot, *la Chronique de Paris* du 2 février avait dit : « Il n'est pas absolument sûr que l'on puisse compter sur le patriotisme d'Autun[1] ; » mais on sait ce que ce dernier mot voulait dire alors.

III

L'Assemblée nationale siégeait depuis la fin d'octobre 1789 au Manège. Ce bâtiment, adossé à la terrasse des Feuillants, servait précédemment à l'Académie royale d'équitation, où les jeunes gens de la noblesse apprenaient non seulement à

---

1. N° 33, t. IV, p. 130.

monter à cheval, mais encore à faire des armes et à danser[1]. La salle formait un carré long. Cinq rangs de banquettes en gradins avaient été disposés le long des murs. Les bureaux du président et des secrétaires s'élevaient d'un côté et la tribune de l'autre. Au-dessus des derniers rangs régnaient les tribunes publiques, où cinq cents personnes pouvaient trouver place. Tout le milieu de la salle était libre et servait au passage des nombreuses députations que l'Assemblée recevait journellement.

Ce fut dans la soirée du 10 février que les délégués d'Issy-l'Évêque furent admis à la barre. Les banquettes étaient peu garnies et le nombre des députés présents n'atteignait pas deux cents[2], alors que l'Assemblée comptait plus de douze cents membres. L'accueil promettait néanmoins d'être sympathique. Cette assemblée avait un penchant malheureux pour la mise en scène et les démonstrations oiseuses. Elle y cherchait l'émotion, comme les spectateurs au théâtre. Elle pleurait à la vue d'un vieux soldat, applaudissait « à l'entrée d'un vieillard vêtu en habit de laboureur[3], » s'exaltait à l'annonce d'un trait de courage ou de

1. Il était situé sur l'emplacement actuel de la rue de Rivoli, entre la rue de Castiglione et la rue d'Alger. Une plaque commémorative est posée contre un pilier de la grille des Tuileries, en face du n° 230 de la rue de Rivoli.
2. « Nous apprenons à la nation française qu'elle n'avoit pas deux cents représentans à cette séance. » (*Chronique de France*, n° XIX, p. 73.)
3. Séance du 29 juillet 1790. *Mon. univ.* du 31 juillet, t. V, p. 263.

probité, comme si ces vertus dataient du serment du Jeu-de-Paume. D'étranges visiteurs absorbaient une partie de ses séances. On la vit recevoir « un artiste inventeur d'un mastic qui prend dans l'eau [1]; » un autre qui, préludant aux automobiles, lui faisait « la dédicace d'une voiture à ressorts qui va sans chevaux [2]; » plusieurs encore qui lui proposaient des remèdes contre l'épilepsie ou des modèles de machine à battre [3]. Un jour, c'étaient les perruquiers de Paris qui venaient se plaindre de la concurrence que leur faisaient leurs garçons : ceux-ci leur enlevaient à leur barbe les pratiques qui leur étaient confiées; mais les perruquiers étaient des patriotes, et ils ne sollicitaient « la conservation de leurs places qu'autant qu'elles s'accordaient avec les droits de l'homme [4]. » Une autre fois, c'étaient les comédiens français qui « reconnaissaient dans la liberté des théâtres un des bienfaits de la Révolution, » mais faisaient observer avec mélancolie « que leurs recettes en étaient prodigieusement diminuées. [5] »

Quelques jours avant les envoyés d'Issy-l'Évêque, l'Assemblée recevait une députation des artistes lyriques, qui lui demandaient « de ne pas laisser éteindre par un oubli funeste le feu du

1. Séance du 21 octobre 1790. *Mon. univ.* du 23 octobre, t. VI, p. 185.
2. Séance du 19 février 1791. *Chronique de France*, n° XXII, p. 125.
3. *Ibid.*
4. Séance du 2 décembre 1790. *Mon. univ.* du 4 décembre, t. VI, p. 535.
5. *Chronique de Paris*, n° 83, 24 mars 1791, t. IV, p. 329.

génie si difficile à rallumer; » si elle s'occupait d'eux, elle verrait, « au sein d'une capitale devenue celle de tous les peuples, briller dans tout son éclat l'urbanité sans mollesse, la bonne foi sans ignorance et le civisme sans férocité [1]. » La perspective était encourageante, mais l'Assemblée avait été encore plus doucement émue le jour où elle avait reçu « les ambassadeurs du genre humain » conduits par le prussien Anacharsis Cloots, c'est-à-dire une soixantaine de vagabonds déguisés en Anglais, Siciliens, Brabançons, Indiens, Arabes, Chaldéens, etc., et payés douze francs pour la journée [2]. Ce fut une jolie scène de carnaval. Si les représentants du pays n'étaient pas dans le secret de la mascarade, il faut avouer qu'ils firent preuve ce jour-là d'une bien surprenante crédulité.

La démarche des paroissiens de Carion, la comparution de ces gens rustiques, venant réclamer leur « pasteur » et se déclarant prêts à échanger leur liberté contre la sienne, était tout à fait de nature à toucher la « sensibilité » de l'Assemblée. Mirabeau, qui n'était plus officiellement que M. Riquetti l'aîné, présidait la séance. Au dire des journaux, « l'Orateur de la députation » s'exprima dans les termes suivants : [3]

---

1. Séance du 3 février 1791. *Mon. univ.* du 5 février, t. VII, p. 299.
2. Séance du 19 juin 1790. *Mon. univ.* du 21 juin, t. IV, p. 675.
3. *Mon. univ.* du 12 février 1791, t. VII, p. 356. Voir aux Appendices (II) d'autres comptes rendus.

Nous sommes envoyés par la commune et la municipalité d'Issy-l'Évêque et par cinq autres municipalités, pour demander à la puissance nationale que vous représentez, de vouloir bien rendre à nos vœux notre curé maire, M. Carion, opprimé depuis six mois. Calomnié par deux ennemis, MM. Frapet et Mollerat, son prétendu crime est d'avoir découvert les projets des ennemis de la patrie et de les avoir appelés criminels de lèse-nation.

La commune d'Issy-l'Évêque avoit établi pour les subsistances et pour la police un comité permanent et une garde nationale. Notre curé fut élu président du comité et maire. Il ne fit qu'exécuter les délibérations prises par l'assemblée générale de la commune; ses ennemis l'accusèrent d'avoir agi de son propre chef, d'avoir usurpé le pouvoir administratif; il fut traduit devant le ci-devant bailliage d'Autun; le Châtelet même se mêla de cette affaire, quoiqu'elle fût purement administrative, et le décréta de prise de corps.

Nous prenons fait et cause dans cette affaire. Ce qui a été fait par le curé n'est que l'exécution des délibérations de la commune et de la municipalité. C'est nous qui avons établi le comité et cette garde nationale que le Châtelet appelle une troupe de brigands, quoique nous n'ayons commis aucun brigandage. Nous avons quitté nos travaux, nous sommes venus à pied de quatre-vingts lieues pour demander qu'il soit mis en liberté ou qu'on nous mette à sa place. Nous devons faire connaître à cette auguste assemblée, au sein de laquelle il a été faussement inculpé, les faits qui lui sont réellement personnels. Il a débité à 50 s. des blés qu'il avoit achetés très cher; il a sacrifié une partie de son jardin pour l'utilité de la communauté; il a donné des secours aux ouvriers qui étoient sans travail; il nous a fait des avances pour former notre garde nationale; il a donné à la commune le prix des baux qu'elle ne pouvoit pas payer; il nous a toujours inspiré l'amour de la patrie, le respect de l'Assemblée nationale; il nous engageoit à n'exercer aucune vengeance, pas même contre MM. Frapet et Mollerat; enfin, on ne vous a pas dit que, depuis dix ans que nous le possédons, il nous a toujours défendus contre les tyrans avec le même zèle qu'il a manifesté depuis la Révolution.

Il y a déjà six mois que nous ne le voyons pas. Nos pauvres, nos enfants en ont plus besoin que de nous; nous aimons mieux qu'on nous mette en prison que lui. Le Châtelet, qui l'a décrété de prise de corps, qui l'a fait conduire à Paris pour l'opprimer de concert avec le bailliage d'Autun, le Châtelet étoit incompétent pour des affaires purement administratives. Cette lettre de cachet judiciaire doit être levée à l'instant... Tel est le vœu de la commune d'Issy et de toutes les communes environnantes.

Comment l'Assemblée accueillit-elle cette requête? Les journaux de l'époque ne sont point d'accord. Si l'on en croit le *Point du Jour*[1], quelques murmures arrêtèrent le chef de la députation; si l'on s'en rapporte au *Journal logographique*[2], « on applaudit. » Il paraît vraisemblable que l'exposé des difficultés locales sur lesquelles l'orateur s'était étendu avec une prolixité de campagnard avaient agacé l'Assemblée[3]. La justice

---

1. *Le Point du Jour ou Résultat de ce qui s'est passé la veille à l'Assemblée nationale.* Paris, Cussac, 1791, n° 581, t. XIX, p. 168.

2. *Journal des États généraux convoqués par Louis XVI le 27 avril 1789, aujourd'hui Assemblée nationale permanente, ou Journal logographique*, par M. Le Hodey, Paris, 1791, t. XXI, p. 237.

3. « Leur adresse auroit fait un plus grand effet si leur orateur avoit su être court. » (*Le Patriote français*, n° ??, p. 165.)

était saisie : c'était à elle à prononcer. Mirabeau se fit l'interprète de ce sentiment :

M. LE PRÉSIDENT. — Vous dites que si votre curé étoit coupable, vous seriez ses complices. Nous aimons à croire que le crime n'auroit pas votre langage. Vous vous plaignez que les anciens tribunaux ont puni des actes de patriotisme. Vous avez de nouveaux magistrats, vous aurez bientôt de nouvelles loix.

L'Assemblée, au moment où elle a délégué le pouvoir judiciaire, a cessé de pouvoir et de vouloir l'exercer. Si vous avez à vous plaindre d'un déni de justice, vous ne pouvez pas douter que l'Assemblée ne l'examine avec la scrupuleuse attention qu'elle a mise à recouvrer et qu'elle mettra toujours à maintenir les droits des citoyens. Elle vous permet d'assister à la séance.

M. DE BIAUZAT[1]. — Je demande le renvoi au comité des rapports.

M. MERLE. — Votre comité des rapports, chargé de cette affaire, a examiné trois choses : premièrement une dénonciation contre M. le curé.....

M. LE PRÉSIDENT. — Monsieur Merle, le rapport de cette affaire n'est pas à l'ordre du jour ; veuillez donc dire votre avis sur l'ajournement.

M. MERLE. — Ce décret de prise de corps a fait la matière de l'examen de votre comité des rapports ; il a vu un acte judiciaire et il a respecté cet acte.

1. Jean-François Gaultier de Biauzat, né le 22 octobre 1739, avocat, élu, le 27 mars 1789, député du tiers état du bailliage de Clermont-Ferrand, était membre du club des Jacobins et le présida du 2 mars au 13 avril 1791. Élu juge, le 10 décembre 1790, et attaché au tribunal du quatrième arrondissement, il y siégea après la dissolution de l'Assemblée constituante. Il fut nommé, le 10 janvier 1797, juge au tribunal de cassation ; le 18 avril 1800, commissaire du gouvernement près le tribunal criminel de la Seine, et en 1803 conseiller à la cour d'appel de Paris. Il mourut le 22 février 1815.

A la suite de ces paroles, l'Assemblée ordonna le renvoi au comité et ajourna l'affaire à huitaine.

Mirabeau avait invité les trois envoyés d'Issy-l'Évêque à assister à la séance. On faisait volontiers cette politesse aux députations qui n'étaient pas trop encombrantes. Les délégués eurent ainsi le plaisir de s'asseoir à côté d'une bande de quakers que Mirabeau avait harangués une demi-heure auparavant avec un sérieux imperturbable. Ils purent contempler à loisir leurs longs habits sans boutons et les chapeaux à larges bords que ces enfants de la Pensylvanie avaient gardés obstinément sur leurs têtes. Il est même permis de penser qu'ils y prirent plus d'intérêt qu'à la discussion du jour, dont la nouvelle répartition des paroisses du Mans et la forme des engagements militaires firent principalement les frais.

Paillet, Diot et Ledoy ne furent pas les seuls habitants du district d'Autun dont la presse signala la présence à Paris. *L'Orateur du peuple*[1] dénonça l'arrivée d'un autre personnage. Le journal de Fréron, qui s'adressait à la populace, imprimait en tête de chacun de ses numéros une demi-douzaine de titres à sensation. On peut feuilleter au hasard la collection, on y trouvera toujours de stupéfiantes nouvelles : *Exécrable plan de contre-révolution. — Horribles massacres*

---

1. *L'Orateur du peuple*, t. V, n° XVI, p. 128.

occasionnés par les prêtres réfractaires. — Projet d'égorger mille bourgeois sur l'écusson de chaque noble. — Deux mille cages de fer destinées à renfermer les meilleurs patriotes, etc., etc. A une date qui ne peut être rigoureusement précisée, le journal n'en portant pas et indiquant tout au plus les événements par le jour de la semaine, mais qui paraît être un des premiers jours de mars, on lit au-dessous d'un titre ainsi conçu : *Cruel état où se trouve le Coccis de M. Duval d'Esprémenil*, cet autre plus intéressant : *Arrivée du s^r Serpillon, juge du bailliage d'Autun, qui vient ici pour aggraver les fers de l'infortuné Carion, curé d'Issy-l'Évêque.* Voici l'article sur lequel il appelait l'attention :

On mande d'Autun que l'aristocratie y domine de plus en plus et que le s^r Serpillon, juge inique de l'inique bailliage d'Autun, arrive chargé d'or et d'argent à Paris pour cabaler et intriguer relativement au procès suscité au patriote Carion, curé d'Issy-l'Évêque, et emprisonné par le Châtelet depuis sept mois, à la honte de l'Assemblée nationale, qui recule toujours le rapport de son affaire.

Que M. Serpillon fût venu effectivement à Paris, c'était possible ; mais ce n'était pas assurément pour gagner à prix d'or les juges du Châtelet puisqu'il n'y en avait plus. Les cabales et les intrigues annoncées ne pouvaient avoir d'effet utile qu'à l'Assemblée nationale et particulièrement à l'égard des membres du comité des rapports. On n'aperçoit pas bien quel intérêt aurait guidé l'ancien lieutenant criminel. Si l'insinuation de Fréron permet de croire que l'emploi du pot-de-vin n'était pas incompatible avec la pratique du gouvernement parlementaire, il n'y a pas autre chose à en retenir, et les allégations du correspondant autunois qui avait renseigné *l'Orateur du peuple* ne méritent aucune foi.

CHAPITRE IV

Aux Jacobins.

I

En décrétant la formation d'une haute Cour nationale, l'Assemblée posait un principe plutôt qu'elle n'organisait réellement une juridiction. Il y avait pourtant urgence à statuer sur les affaires en état de recevoir jugement. A la séance du 5 mars, sur la proposition de Démeunier[1], il fut décrété qu'un tribunal provisoire, composé de

---

1. Jean-Nicolas Démeunier, né le 15 mars 1751, censeur royal, élu le 16 mai 1789 député du tiers état de Paris aux États généraux, fit partie du Comité de constitution. Nommé le 25 décembre 1799 membre du Tribunat, il devint sénateur en 1802. Il mourut le 7 février 1814.

membres nommés par chacun des quinze tribunaux des districts les plus voisins, serait établi à Orléans « pour instruire et juger en dernier ressort toutes les affaires criminelles qui ont été renvoyées jusqu'à présent aux tribunaux successivement désignés pour prononcer sur les crimes de lèse-nation, ainsi que toutes les affaires criminelles sur lesquelles l'Assemblée déclarera qu'il y a lieu à accusation. »

Quelques jours après, le 9 mars, l'assemblée ordonna le transfèrement à Orléans des accusés de lèse-nation, qui étaient pour la plupart détenus à l'Abbaye. Le Chapelier fit observer qu'en évacuant ces prisonniers on pourrait utiliser les locaux et alléger d'autant les prisons du Châtelet, de manière à se dispenser de faire réparer le donjon de Vincennes. Au nom seul de la vieille forteresse, qui avait été déjà, le 28 février, l'objet d'un mouvement populaire, une demi-douzaine de députés, Robespierre entre autres, s'élancèrent à la tribune et réclamèrent le renversement immédiat du donjon, « ce nid à tyran, ce repaire du despotisme, ce monument honteux qu'on ne doit pas laisser à la vue de la capitale. » Heureusement quelqu'un demanda que le comité d'aliénation des domaines royaux fût consulté sur la manière la plus économique de procéder à la démolition, et l'atermoiement épargna au château de Charles V le sort de la Bastille.[1]

---

1. *Mon. univ.* du 11 mars 1791, t. VII, p. 588.

Carion allait enfin trouver des juges. Jusqu'alors le comité des rapports avait estimé que l'affaire échappait à la compétence du Corps législatif et ne pouvait se résoudre que devant les tribunaux. L'intervention des habitants d'Issy-l'Évêque et l'établissement du tribunal d'Orléans en précipitèrent le dénouement. Une juridiction régulière, destinée à connaître des crimes de lèse-nation, était à la veille de fonctionner; ce n'était plus qu'une attente de quelques jours. Le rapporteur, André Merle, crut devoir faire une démarche personnelle auprès du ministre de la justice [1] pour obtenir que Carion fût jugé dès le jour même où le tribunal d'Orléans entrerait en séance, c'est-à-dire le 25 mars. Mais le curé d'Issy-l'Évêque avait des amis impatients. Au moment où Merle quittait le ministre, un sieur de Saint-Félix [2] se

1. Marguerite-Louis-François du Port du Tertre, né à Paris le 6 mai 1754, avocat au Parlement en 1777, élu membre de la municipalité, puis substitut du procureur de la commune, fut nommé, le 22 novembre 1790, garde des sceaux sur l'indication de Lafayette. Démissionnaire le 22 mars 1792 et nommé le 10 avril accusateur public au tribunal criminel, il fut poursuivi après le 10 août et condamné à mort le 28 novembre 1793.

2. Maria-Emmanuel Mesquinet de Saint-Félix, bourgeois domicilié rue de Vaugirard, était membre au 14 juillet 1789 de l'assemblée des électeurs et fut élu le 26 juillet secrétaire du comité des subsistances. On le retrouve plus tard fomentant les désordres qui éclatèrent, le 17 juillet 1791, au Champ-de-Mars. Accusé d'avoir distribué de l'argent à la populace pour faire assassiner Lafayette et d'avoir dit qu'il le tuerait de sa main, il fut arrêté le 10 août, ainsi que l'imprimeur Momoro, Brune, le futur maréchal de l'empire, et d'autres. Ceux-ci furent relâchés le 31 août; mais Saint-Félix et plusieurs de ses complices restèrent quelque temps en prison (*Révolutions de Paris*, t. IX, n° 111 et 112, p. 321 et 397).

présenta pour le même objet. C'était un assez fâcheux personnage. Il avait participé très activement aux troubles qui préludèrent à la prise de la Bastille, et avait été décrété de prise de corps, en février 1790, par la Cour des aides, sous inculpation de pillage et incendie des barrières de Paris; mais il avait bénéficié de l'annulation de la procédure prononcée par décret du 1er juillet suivant. Ce professionnel de l'émeute avait le verbe haut :

— « Nous ne voulons point de grâce, déclara-t-il au ministre; nous demandons justice et nous voulons que le curé d'Issy soit libre dès ce soir. »

Ce n'était pas la peine d'objecter à Saint-Félix le principe de la séparation des pouvoirs; il s'en souciait fort peu; mais son insistance hâta probablement le rapport de l'affaire. Quoiqu'il n'entrevît aucune solution légale, le comité se détermina à soumettre les faits à l'Assemblée nationale. Du reste, les Jacobins pesèrent fortement sur sa décision. Plusieurs fois déjà un rapport sur l'affaire avait été mis à l'ordre du jour de leurs séances, et chaque fois il avait été ajourné. Le club voulut en finir, et comme l'Assemblée nationale, qui avait fixé sa délibération au 10 mars, la remettait encore à huitaine, il ouvrit ce jour-là même la discussion.

Le couvent des Jacobins, où siégeaient les Amis de la Constitution, occupait à peu près le terrain compris actuellement entre la rue de la

Sourdière, la rue Saint-Honoré, la rue du Marché-
Saint-Honoré et la rue Gomboust. Il avait deux
entrées, l'une sur la rue Saint-Honoré, qui conduisait à une vaste cour, l'autre sur le cul-de-sac
Saint-Hyacinthe. On peut voir encore, aux numéros 4 et 6 de cette dernière rue, les trois grandes
portes cintrées qui donnaient accès aux bâtiments.
Deux de ces portes sont bouchées par des bou-
tiques; mais la troisième sert toujours d'entrée.
Quand on l'a franchie, on trouve à droite, au bout
d'un long vestibule, un grand escalier à rampe
de fer forgé, qui parait n'avoir pas été modifié
depuis l'époque où les Jacobins en gravissaient
les degrés pour se rendre aux bureaux de la
Société établis dans les pièces du premier étage [1].
Les autres bâtiments conventuels ont disparu.
Le marché Saint-Honoré a été bâti sur l'emplacement des jardins, qui étaient fort beaux. C'était,
selon Sauval, « un parterre de terre de raport
bordé et terminé de vallons faits à la main, qui
n'est pas moins agréable que surprenant et même
l'est d'autant plus qu'on ne voit tout autour que
maisons magnifiquement bâties qui sentent leurs
palais : ajoutés à cela que de l'un de ses coins
l'œil tout à coup vient à découvrir une grande
campagne, le cours entier et les montagnes qui
sont près d'Argenteuil, à trois grandes lieues de

---

1. Par un singulier contraste, ces locaux où ont été délibérés et
résolus tant d'actes atroces sont occupés aujourd'hui par l'école libre,
la crèche et l'asile des sœurs de Charité de la paroisse Saint-Roch.

Paris.¹ » On s'explique difficilement aujourd'hui cette lointaine perspective.

Les Amis de la Constitution, mal à l'aise dans le réfectoire, qu'ils avaient loué d'abord aux religieux, s'étaient installés, quelques semaines après, dans la bibliothèque. C'était une grande salle voûtée, qui avait été inaugurée en 1638 et dont les tablettes contenaient environ vingt et un mille volumes. Au-dessus de la porte un tableau allégorique représentait saint Thomas d'Aquin assis sur une fontaine, et des moines de différents ordres puisant l'eau qui s'écoulait des tuyaux. Quand la Société prit possession de la salle, on disposa de chaque côté plusieurs rangées de banquettes en gradins; à droite un fauteuil et une table pour le président, une autre table au-dessous pour les secrétaires; à gauche et en face une tribune pour les orateurs. Et comme il fallait un symbole des récentes conquêtes, on suspendit aux murs les chaînes qui avaient été enlevées de la Bastille. Cependant, si vaste qu'elle fût, la pièce ne tarda pas à devenir insuffisante, et, dans la séance même où il fut délibéré sur l'affaire de Carion, le président mit à l'ordre du jour la fixation d'un nouveau local. On sait que ce local fut l'église du même couvent, où la Société siégea à partir du 20 mai 1791 jusqu'à sa dissolution.

1. *Histoire et Recherches des antiquités de Paris*, par H. Sauval, 1724, t. I, p. 411.

II

Le bureau avait été renouvelé le 2 mars. Le président était Gaultier de Biauzat qui, lors de la comparution des députés d'Issy-l'Évêque, avait demandé à l'Assemblée nationale le renvoi de leur supplique au comité des rapports. Quatre secrétaires se partageaient la besogne : Bonne-Carrère, qui attendait sa nomination de ministre de France à Liège; l'ex-président Lavie [1], un des premiers qui s'étaient réunis aux députés du tiers état; Massieu [2], élu quinze jours auparavant évêque de l'Oise, et Collot d'Herbois [3], qui avait quitté les planches pour la scène politique.

1. Paul-Marie Arnauld de Lavie, né le 2 avril 1747, reçu président au parlement de Bordeaux le 20 avril 1768, fut élu le 8 avril 1789 député de la noblesse de la sénéchaussée de Bordeaux. Élu le 12 avril 1797 membre du Conseil des Anciens, il vit annuler son élection et renonça à la vie politique. Il mourut le 22 mai 1801.
2. Jean-Baptiste Massieu, né le 17 septembre 1743, curé de Sergy (Seine-et-Oise), fut élu, le 20 mars 1789, député du clergé du bailliage de Senlis, et, le 22 février 1791, évêque constitutionnel de l'Oise. Il devint membre de la Convention le 4 septembre 1792, et se démit de son évêché l'année suivante en annonçant « qu'il avait fait choix d'une compagne riche en vertu. » Envoyé en mission, il terrorisa les Ardennes et la Marne. Il fut décrété d'accusation le 9 août 1795, mais bénéficia de l'amnistie du 20 octobre suivant. Il mourut à Bruxelles le 6 juin 1818.
3. Jean-Marie Collot dit d'Herbois, né en 1750, d'abord comédien et auteur de pièces de théâtre, fut élu, le 6 septembre 1792, député à la Convention. Adjoint un an après au comité de Salut public, il s'y prononça pour les mesures les plus violentes. On connaît son rôle à Lyon. Dénoncé après la chute de Robespierre, il fut condamné à la déportation en avril 1795 et mourut à Cayenne le 8 juin 1796.

Ce fut un membre obscur nommé Gineste [1] qui ouvrit le débat. Le registre des délibérations de la Société a disparu, et il faut en chercher les comptes rendus dans les divers journaux de l'époque. En parcourant ces feuilles, on peut recomposer assez fidèlement la séance du 10 mars où le sort de Carion fut agité.

Gineste s'exprima ainsi : [2]

— L'affaire de M. le curé Carion, maire d'Yssi-l'Évêque, a plusieurs fois intéressé votre sollicitude; les malheurs de ce fonctionnaire ont droit à toute votre attention; le rapport en avoit été ajourné à ce soir; il semble qu'il y ait des causes secrètes qui s'opposent toujours à ce qu'on brise les fers du maire d'Yssi. Déjà plusieurs fois le rapport, sous divers prétextes, en a été ajourné dans cette société. Ce soir, il devoit être fait à l'Assemblée nationale, et pourtant il ne le sera point et ne peut l'être, puisque M. le rapporteur de cette affaire est ici présent.

Ce rapporteur était, comme on l'a vu, André Merle. Pris directement à partie, il ne voulut pas rester sous le coup du reproche, et, montant à la tribune, il entreprit de justifier sa conduite.

— On vient de vous annoncer, dit-il, qu'il y a des causes cachées, une énigme secrète que l'on craint

1. Ce Gineste, domicilié passage du Saumon, n° 22, figure sur la liste des membres de la Société qui fut imprimée pour la première fois à la date du 21 décembre 1790. La liste des comités imprimée le 1ᵉʳ mai 1791 et reproduite par M. Aulard (la Société des Jacobins, 1889, t. I, p. LXXIX) le signale comme domicilié rue de Grammont n° 9, et faisant partie du comité de présentation et de vérification; mais il a été confondu avec un autre membre nommé Genette.
2. Mercure universel, t. I, p. 196, n° du 13 mars 1791.

d'expliquer. Il m'importe qu'elles vous soient connues; je vais exposer les faits. Le comité des rapports de l'Assemblée nationale a mis la plus sérieuse attention dans cette affaire, et, par le résultat des opinions, il a pensé que, puisqu'il s'agit d'un décret d'un tribunal quelconque, l'Assemblée nationale ne pouvoit pas s'en occuper. Nous avons craint que, si nous décidions de proposer à l'Assemblée d'accorder à M. le curé d'Yssi-l'Évêque sa liberté provisoire, l'on invoquât la question préalable. Le tribunal de lèze-nation sera en fonctions à Orléans le 25 de ce mois; il pourra connoître de cette affaire. Ainsi deux causes, l'établissement très prochain de ce tribunal et l'impossibilité presque certaine de donner la liberté à l'infortuné maire d'Yssi, nous ont empêché de porter cette cause à l'Assemblée nationale.

D'ailleurs nous nous sommes dit : Il est impossible que cette affaire soit à l'ordre du jour avant la huitaine; à cette époque le tribunal existera; mais il faut faire tout pour que M. Carion soit jugé le 25; il faut aller trouver le ministre pour qu'il en prévienne le tribunal. J'ai été moi-même chez le ministre; il nous a promis d'écrire et tout me paroissoit disposé heureusement. Au même instant deux personnes se présentent, l'une M. de Saint-Félix, l'autre m'est inconnue. Le premier a dit : « Nous ne voulons point de grâce, mais nous demandons justice et nous voulons que le maire d'Yssi soit libre dès ce soir. » Cette brusque allégation nous a surpris, et nous les avons laissés chez le ministre. La liberté ne pouvant exister que par la division exacte des pouvoirs, nous nous sommes guidés par ce principe.....

A ce moment, Panis, qui était le défenseur de Carion et qui faisait partie de la Société, interrompit l'orateur; mais le président lui fit observer qu'il n'avait pas la parole, et plusieurs membres demandèrent le rapport de l'affaire.

— Messieurs, continua Merle, vous désirez avoir une entière connaissance de cette affaire, la voici : le 6 octobre 1789, il se forma au bourg d'Yssi-l'Évêque, département de Saône-et-Loire, un comité permanent, ainsi qu'il s'en étoit déjà formé dans beaucoup d'autres villes. M. le curé Carion fut élu président de ce comité. Le même jour, il fut établi une garde nationale; le même jour, il fut fait un règlement de police pour la tranquillité et la sûreté publique. Tant de choses faites en un seul jour sembleroit faire croire que quelques-unes avoient été préparées d'avance. Ce règlement contient cinquante à soixante articles, parmi lesquels il y en a d'utiles, quelques-uns de sages et d'autres qui ne le sont point. La formation de ce comité et d'une garde nationale firent naître quelques craintes et même un peu d'alarmes parmi une certaine classe des habitants des environs. Il fut fait, malgré la défense de l'Assemblée nationale, deux arrestations de deux voitures de blé.....

— Je demande les pièces, s'écria Panis.

— Je vais répondre techniquement, reprit Merle, et vous verrez que je sais vous rendre justice. Je viens de m'engager à prouver que ce que j'ai dit est de toute vérité.

Et prenant un mémoire écrit de la main de Carion, probablement celui du 21 novembre 1790 adressé à l'Assemblée nationale, il en donna lecture, et, après l'avoir commenté :

— Le bruit public, ajouta-t-il, justifia dans le temps ce que je dis. L'on en écrivit à M. Fricaud, cet excellent patriote; mon collègue se crut obligé d'en faire sa dénonciation à l'Assemblée nationale. Jusqu'à l'organisation d'une nouvelle municipalité, ce comité se conduisit assez bien, et, le jour de l'installation des municipaux, cette nouvelle municipalité reconnut et confirma le règlement du comité permanent. Elle déclara, en outre, qu'un particulier, le sieur Frappet, qui avoit avancé sur la route un mur de quarante-cinq toises de longueur, seroit démoli, et ce particulier y consentit, même par écrit. Cette même municipalité décida encore que deux parties de communes du territoire d'Yssi seroient amodiées, c'est-à-dire affermées au profit des habitans. Bientôt le mur fut démoli, et le sieur Mollerat, s'unissant au sieur Frappet, notaire du lieu, propriétaire du mur, tous deux mécontents, portèrent plainte au bailliage de Bourbon-Lancy [1]. Information des faits ordonnée par ce tribunal; décret d'ajournement lancé contre le sieur Carion maire.

Il résultoit cependant de la démolition de ce mur et de l'amodiation des communes que, la délibération en ayant été prise par la municipalité, le maire n'étoit pas plus responsable et n'avoit rien fait que ce qu'avoient fait les autres municipaux. Cependant le tribunal de Bourbon-Lancy déclara le délit non ordinaire; en conséquence il crut y voir un crime de lèze-nation (on murmure) et l'affaire fut renvoyée au Châtelet. Le maire d'Yssi fit faire alors une addition d'information par le tribunal de Bourbon-Lancy [2]; elle reproduisit les mêmes faits. Sur cela, le Châtelet décréta M. Carion de prise de corps et le déclara coupable de crime de lèze-nation. Mais ensuite la procédure fut poursuivie non pour ce crime prétendu,

---

1. C'est une erreur du rapporteur. Il fut procédé à divers actes d'information dans le ressort du bailliage de Bourbon-Lancy; mais on a vu plus haut que la plainte avait été reçue et l'affaire instruite par le bailliage d'Autun.

2. Autre erreur. Ce fut le Châtelet qui, saisi de nouveaux faits, ordonna l'information par addition.

mais sur ce que M. Carion n'avoit pas pu continuer ses fonctions de curé ni celles de maire, étant sous les liens d'un décret, et c'est ainsi qu'il est encore aujourd'hui dans les fers.

Que résulte-t-il de ces faits? C'est que M. le curé d'Yssi ne paroit coupable d'aucun délit, et avec d'autant plus de raison qu'il n'étoit qu'un individu dans cette municipalité et que, s'il y a des délits, en supposant que ces faits en soient, ils ne lui sont pas personnels. D'ailleurs c'étoit dans un temps d'orages, et les circonstances dans ces temps ont forcé plus d'un honnête administrateur à prendre des mesures qui aujourd'hui seroient blâmables. Je regarde donc ce décret comme contraire aux lois et comme injuste; mais c'est un tribunal pourvu du pouvoir judiciaire qui l'a porté. Le comité a vu avec regret que l'Assemblée ne pouvoit pas s'en occuper.

Alors on vit monter à la tribune un jeune homme au profil bourbonien, qui n'avait pas dix-huit ans et qui était inscrit à la Société sous le nom de « Philippe Chartres, au Palais-Royal. » C'était le fils aîné du duc d'Orléans, le futur roi des Français[1]. Sur les instances de son père et au grand déplaisir de sa mère, il avait été présenté le 22 octobre et reçu le 1er novembre 1790. Cette recrue princière avait ravi les Amis de la Constitution, qui ne lui avaient pas ménagé leurs applaudissements. Deux jours après, le duc de Chartres avait été nommé membre du comité de présentation et de vérification, dont le rôle con-

1. Louis-Philippe-Joseph d'Orléans, né le 6 octobre 1773, d'abord duc de Valois, porta le titre de duc de Chartres de 1785 à 1793 et ensuite celui de duc d'Orléans jusqu'en 1830.

sistait à vérifier les titres de ceux qui demandaient leur affiliation. Si l'on s'en était tenu à la lettre du règlement de la Société, cette vérification, fort délicate, aurait exigé chez ceux qui en étaient chargés une extrême finesse d'observation, car, aux termes du préambule, « les titres pour se présenter seront surtout l'amour de l'égalité et ce sentiment profond des droits de l'homme qui se dévoue par instinct à la défense des foibles et opprimés, et qui sent assez sa dignité pour honorer ses semblables, indépendamment des distinctions et des titres ultérieurs.[1] » Mais on n'y regardait pas de si près, et, sans se livrer à de subtiles analyses psychologiques, on recevait tous ceux qui se présentaient.

Le duc de Chartres n'avait pas été seulement introduit dans ce comité. Comme si on voulait lui témoigner une entière confiance, on l'avait encore investi, le 9 novembre, des fonctions de censeur. Peut-être le petit-fils d'Henri IV aurait-il pu concevoir de plus hautes ambitions. Le rôle des censeurs était modeste. Au nombre de quatre, ils se promenaient à tour de rôle dans le milieu de la salle ; ils remettaient au président les notes et les adresses qu'on déposait entre leurs mains ; ils faisaient placer les étrangers et défiler les députations ; ils surveillaient surtout la porte et vérifiaient soigneusement si chaque membre entrant

[1] Règlement de la Société des Amis de la Constitution, Baudouin, 1790.

avait bien sa carte à la boutonnière. Louis-Philippe ne se fit pas d'illusion sur le caractère de ces attributions. Les censeurs, écrivait-il alors, « ce sont ceux qui font les fonctions d'huissier. »[1]

Sans gémir sur la détention du curé d'Issy-l'Évêque, le duc de Chartres aborda tout de suite le point de droit.

— Il y a un décret, dit-il, qui porte que la haute Cour ne pourra connaître que des crimes qui lui seront dénoncés par l'Assemblée nationale; il faudrait donc qu'elle déclarât qu'il n'y a lieu à délibérer sur cette affaire, afin que la procédure de M. Carion fût renvoyée comme cause ordinaire au tribunal de Bourbon-Lancy.

Il était permis au jeune colonel du 14e dragons d'oublier que les décrets n'ont pas d'effet rétroactif. Merle le lui rappela, et la discussion continua comme il suit :

M. MERLE. — Cette observation est juste; mais l'Assemblée a décidé que l'on n'en agirait ainsi que pour le temps où le grand juré serait nommé. Jusque-là je ne pense pas que cette motion soit recevable.

M. DE CHARTRES. — Il y a évidemment erreur et nullité dans la procédure. Or le tribunal d'Orléans peut-il d'avance connaître si le délit prétendu existant dans cette affaire est crime de lèze-nation, oui ou non? Si cela se peut, c'est au corps législatif à se prononcer.

M. MERLE. — Je désirerais que cette remarque fût vraie; mais l'Assemblée a décidé que les criminels pré-

---

1. *Mémorial des pensées et actions du duc de Chartres*. Paris, 1830, p. 10. — *Un An de la vie de Louis-Philippe Ier*, Paris, 1831 p. 25.

venus du crime de lèze-nation seraient traduits devant le tribunal d'Orléans.[1]

On réclame alors la lecture du décret du 5 mars qui établissait le tribunal d'Orléans. Le président en donna connaissance et ajouta :

— L'Assemblée nationale vient de rendre un décret relatif à cette affaire.

Et il lut encore le décret de la veille qui prescrivait le transfèrement à Orléans de tous les inculpés détenus à l'Abbaye.

— De là je conclus, dit-il, que le tribunal de haute Cour informera contre tous les prévenus ou accusés sans dénonciation particulière.

Un membre signala l'incident suivant :

— Il vient de m'arriver un fait dont je dois compte à l'Assemblée : c'est qu'en venant ici, et presque à vos portes, l'on m'a donné un mémoire contre le respectable curé d'Yssi-l'Évêque. Le voilà. Certainement le curé d'Yssi-l'Évêque est malheureux; le tribunal d'Orléans lui rendra justice. Je demande que la Société cesse de s'occuper de cette affaire.

Et, ce disant, l'Ami de la Constitution montrait le mémoire qui lui avait été glissé dans les mains. C'étaient évidemment les *Observations du sieur Mollerat et du sieur Frapet*, dont le texte a été reproduit ci-dessus. On les répandait avec une certaine libéralité, car, au moment même où le fait était signalé, un colporteur, qui s'était

---

1. Voir aux Appendices (III) le compte rendu de la discussion par Louis-Philippe lui-même.

faufilé dans la salle, distribuait des exemplaires aux membres de la Société et n'oubliait même pas les journalistes présents, ainsi qu'en témoigne le rédacteur du *Mercure universel*.

L'auditoire, fatigué de ce débat qui ne semblait pas pouvoir aboutir, réclama bruyamment l'ordre du jour. Panis s'emporta.

— Il m'est difficile, s'écria-t-il de sa voix tonitruante, de me rendre compte comment dans un temps de troubles, dans un pays libre où la hiérarchie des pouvoirs n'est pas encore établie, l'on peut charger de fers un citoyen, le déclarer criminel pour un mur démoli de l'avis même du propriétaire et par un arrêté de la commune. Il n'a aucun tort personnel ; huit ou dix municipalités le réclament et le prouvent ; mais les aristocrates le persécutent ; vous venez d'en avoir la preuve, et lorsque je demande qu'il soit déchargé d'une fausse accusation, vous criez : à l'ordre du jour! Du fond de sa prison, chargé de chaînes pour son dévouement civique, ce n'est pas qui lui crie : à l'ordre du jour! Le pouvoir judiciaire a empiété sur le pouvoir municipal ; il y a nullité dans la procédure, et, le tribunal de cassation n'existant pas, le Corps législatif, qui réunit tous les pouvoirs, avant de les avoir confiés, doit remplacer ce tribunal. Je demande que l'affaire soit portée instamment à l'Assemblée nationale, et que mon client, qui languit dans les prisons, obtienne son élargissement provisoire.

Ce fut Panis qui eut ainsi le dernier mot. La Société fut touchée, et elle décida, avant de clore la séance, que le comité des rapports demanderait à l'Assemblée nationale que Merle fût autorisé à lui soumettre l'affaire au premier jour.

CHAPITRE V

A l'Assemblée nationale.

I

Quand une question avait été traitée aux Jacobins, la décision de l'Assemblée nationale s'en trouvait fortement préjugée. Cent cinquante députés, au moins, appartenaient au club, et leurs votes étaient acquis par avance aux propositions qui en émanaient. Ce fut à leur instigation que la discussion de l'affaire Carion fut irrévocablement fixée au 17 mars. Cette journée était destinée pour d'autres raisons à marquer une date dans l'histoire du pays. Le matin, la vieille basilique de Notre-Dame vit s'accomplir une cérémonie qui consommait le schisme religieux. Gobel, élu, le 13 mars, évêque de Paris par cinq cents électeurs au nombre desquels se trouvaient Danton, Brissot, Panis, Sergent, Santerre et autres d'égale compétence, fut installé solennellement dans ses fonctions avec salves d'artillerie, procession dans la Cité, cortèges de gardes nationaux, « discours analogues au sujet » et « homélie pleine de sentiments religieux et de principes constitutionnels. [1] »

1. Mon. univ., t. VII, p. 650.

A six heures du soir, au moment où les Parisiens s'apprêtaient à allumer les lampions de l'illumination générale commandée par la municipalité, pour fêter cet événement et en même temps le rétablissement du roi, qui relevait d'une bronchite, l'Assemblée se réunit sous la présidence de M. de Montesquiou[1]. Au début de la séance, le nouvel évêque du Gers[2] vint la féliciter d'avoir fait la constitution civile du clergé, « ce chef-d'œuvre de sa sagesse et de son zèle pour le maintien de la pureté primitive de la religion. » Et, visant la constitution politique, dont l'enfantement traînait en longueur :

Il me reste, ajouta-t-il, un vœu à former, c'est de voir terminer ce code qui servira de modèle à tout l'univers, ce code qui rend à notre sainte religion la pureté de la discipline de ses premiers siècles. C'est alors qu'accompagné de mes collaborateurs, suivi de tous les fidèles dont le soin m'est confié, portant dans mes bras ce code plus qu'humain, je l'offrirai à l'Éternel, et, dans mes transports d'allégresse, je m'écrierai comme le juste Siméon : « C'est maintenant, Seigneur, que vous pouvez disposer de moi. »

1. Anne-Pierre, marquis de Montesquiou-Fézensac, né le 17 octobre 1739, maréchal de camp, premier écuyer de Monsieur, etc., fut élu, le 16 mai 1789, par la ville de Paris, député de la noblesse aux États généraux. Il présida l'Assemblée nationale du 14 au 30 mars 1791. Promu lieutenant général le 20 mai suivant, il occupa la Savoie en septembre 1792; mais il fut décrété d'accusation le 9 novembre, et se réfugia en Suisse. Il rentra en 1795 et mourut le 30 décembre 1798.
2. Paul-Benoît Barthe, professeur de théologie à Toulouse, élu évêque du Gers, et sacré le 13 mars 1791.

Quand ce naïf et sentencieux prélat eut fini « d'exprimer à l'auguste assemblée les sentiments de reconnaissance et d'admiration que lui inspiraient ses sublimes travaux, » quand il lui eut fait, en outre, hommage de ses *Éléments de théologie*, « où pour la première fois la science mystérieuse de la divinité se trouve asservie au compas mathématique, » on aborda l'ordre du jour. La pièce de résistance était « le rapport sur la pétition de M. Carion, curé-maire, et des officiers municipaux d'Issy-l'Évêque. » Au nom du comité des rapports, Merle présenta l'affaire dans les termes suivants : [1]

M. MERLE. — Vous avez reçu à la barre une députation de la commune et de tout le canton d'Issy-l'Évêque ; elle vous a demandé de vous faire rendre compte de l'affaire de M. Carion, curé et maire d'Issy-l'Évêque, et s'est offerte de prendre ses fers. C'est en conséquence que vous avez chargé votre comité des rapports de vous en instruire. Je viens remplir ce devoir.

Le 6 octobre 1789, la commune d'Issy-l'Évêque créa, à l'exemple de toutes les communes voisines, un comité permanent dont M. le curé fut élu président à l'unanimité, une garde nationale et un état-major. Elle pensa qu'il lui falloit aussi un règlement de police, elle en fit un le même jour en 60 articles ; il en est de sages et utiles ; mais il en est d'autres qui excèdent le pouvoir confié aux

---

1. Le texte des discours est emprunté au *Journal logographique*, t. XXII, p. 25. Cette feuille est plus complète et d'une rédaction meilleure que le *Moniteur universel*, dont on peut lire aussi le compte rendu à la date du 18 mars, t. VI, p. 641. Voir également aux Appendices (V) les comptes rendus de divers autres journaux.

municipalités, il en est enfin qui caractérisent un véritable délit. Je vais donner lecture de quelques-uns à l'Assemblée.

Art. XXVI. — Les justes et anciennes conventions du pays pour la culture des terres à moitié du produit seront fidèlement observées; toutes conventions contraires sont improuvées de la commune comme préjudiciables à l'agriculture et au bien général de la commune.

Art. XXVII. — Tout métayer aura la moitié franche des fonds et produits du fonds qu'il cultive, sans que le maitre puisse exiger de lui, sous aucun prétexte, aucun argent ni aucune portion de sa moitié.

Art. XXIX. — Le maitre fournira les prés, les terres, les bâtiments, les bestiaux et la moitié de la semence; mais il ne pourra rien exiger du fermier pour les bâtiments, ni d'intérêt pour le prix des bestiaux.

Tel est, Messieurs, en extrait, le règlement de police qui fut fait par le comité d'Issy-l'Évêque, le jour même de sa création. Ce comité a existé jusqu'au moment de la formation des municipalités. Pendant son existence, deux faits sont arrivés, du moins la procédure ne parle que de deux faits. Un des articles du règlement disoit qu'il seroit établi à Issy-l'Évêque un magasin de bled, et qu'en conséquence tous les métayers du lieu seroient tenus d'y fournir cent boisseaux de bled, ce à quoi les métayers acquiescèrent. Cependant un particulier fait une première extraction de cent boisseaux de bled avant d'avoir fourni son contingent au grenier d'abondance, quoiqu'il s'y fût soumis par écrit entre les mains du comité. Alors le comité envoie un détachement de la garde nationale après le convoi qui étoit escorté de la maréchaussée, et le convoi est arrêté avec défense à la maréchaussée de récidiver. Un second enlèvement de bled se fait dans la commune d'Issy, et, toujours en exécution du règlement de police, un détachement de la milice nationale se rend à la suite des voitures et arrête le second convoi. Tels sont les deux faits dont parle la procédure pendant que le comité a existé.

Ces faits, l'existence d'une garde nationale à laquelle on n'étoit pas accoutumé, les autres articles du règlement dont j'ai l'honneur de vous rendre compte, jettèrent une allarme considérable dans le pays. Cette allarme se propagea de plus en plus, et enfin un député du département fut chargé par le département de vous dénoncer M. le curé comme un perturbateur du repos public et comme un violateur de toutes les propriétés.

Au mois de février 1790, la municipalité fut formée conformément à vos décrets. M. le curé en fut élu maire, encore à l'unanimité. La première délibération de la municipalité fut d'homologuer toutes les délibérations précédentes du comité et particulièrement le règlement de police.

Un particulier du bourg d'Issy avoit avancé le mur de son jardin sur la rue adjacente, de manière qu'il l'avoit réduite de neuf pieds. La municipalité arrêta par une délibération que ce mur seroit démoli. Ce particulier paroit y avoir consenti par écrit, mais n'exécuta rien. Le curé fut avec ses ouvriers démolir le mur. Ce particulier porta plainte au bailliage d'Autun, qui décréta le curé d'ajournement; mais le procureur du roi, prétendant apercevoir dans l'information des crimes de lèze-nation, requit et fit ordonner le renvoi au Châtelet.

M. le curé continuoit toujours ses fonctions pastorales et municipales, malgré son décret d'ajournement. Le Châtelet l'a décrété de prise de corps, plutôt sur ce motif, à ce qu'il paroit, que sur tout autre.

C'est dans cet état que M. le curé d'Issy-l'Évêque, après avoir été conduit dans les prisons du Châtelet, où il est détenu depuis sept mois, s'est pourvu devant l'Assemblée nationale; il a exposé et résumé qu'il n'étoit coupable d'aucun délit personnel; que s'il en existoit, ce ne pouvoit être que des délits municipaux et qui ne pourroient lui être individuellement imputés.

Votre comité s'est profondément pénétré de l'intérêt qu'inspire ce pasteur malheureux; il n'est aucun de ses membres qui ne voudroit adoucir ses malheurs; mais le comité a cru que toucher à un décret rendu par un tribunal, c'étoit contraire à la division des pouvoirs qui est la pierre angulaire de la Constitution. C'est en conséquence qu'il m'a chargé, mais à regret, de vous proposer qu'il n'y a pas lieu à délibérer. Au surplus, il vous propose subsidiairement d'ordonner son élargissement provisoire (on crie : aux voix, aux voix!)

Cette conclusion s'accordait assez mal avec les prémisses. Si l'Assemblée n'avait pas le droit de statuer sur la procédure, à quel titre pouvait-elle ordonner la mise en liberté de l'accusé? Et sous quel prétexte délibérerait-elle à ce sujet, quand le comité l'invitait précisément à déclarer qu'il n'y avait pas lieu à délibérer? L'objection frappa tout de suite les membres de la droite, et ils réclamèrent avec une certaine insistance la question préalable. A ce moment, Robespierre monta à la tribune, et, prenant en main la cause de Carion, il demanda nettement l'annulation par décret de la procédure suivie contre lui.

M. ROBESPIERRE. — Puisqu'il s'agit d'un citoyen emprisonné depuis sept mois sur une accusation de lèse-nation, certainement vous m'accorderez la permission de dire quelque chose en sa faveur. Et, sans réclamer les sentimens de l'humanité, je me contenterai de vous faire observer que la conclusion de M. le rapporteur est contraire à vos décrets, qui portent qu'aucun accusé du crime de lèse-nation ne pourra être jugé par les tribunaux sans un décret préalable de l'Assemblée qui déclare qu'il y a lieu à accusation. Il est donc impossible que l'Assemblée déclare qu'il n'y a pas lieu à délibérer, lorsque son premier devoir, au contraire, est de délibérer sur ces sortes d'affaires.

Enfin, Messieurs, d'un côté, les faits qu'on suppose au curé n'ont rien de commun avec les crimes de lèse-nation ; de l'autre, ils ne sont point personnels au curé ; ils ne peuvent regarder que la commune d'Issy-l'Évêque. Ainsi il n'y a pas lieu à accusation contre lui ; ainsi cette accusation est injuste et visiblement un acte d'oppression opéré par l'ancien bailliage d'Autun, qui, n'osant pas juger cette accusation, l'a renvoyée au Châtelet, qui lui-même ne l'a pas jugée.

C'est pour les principes de la Constitution, c'est pour les principes de la liberté que je réclame... *(Murmures.)* On ne veut pas m'écouter. Cependant, Messieurs, lorsque dans des affaires semblables on vous a allégué l'intérêt sacré de la liberté, lorsqu'on vous a demandé provisoirement l'élargissement de certains accusés, je ne m'y suis point opposé ; l'intérêt de l'humanité l'a emporté dans mon cœur sur l'intérêt même de la liberté qui étoit compromis dans ces causes. *(Applaudi à gauche, murmures à droite.)* Dans des occasions semblables vous vous êtes montrés très disposés à accorder l'élargissement des prisonniers sans examiner le fond de l'affaire..... *(Murmures à droite.)*

UNE VOIX. — Nommez les coupables.

M. ROBESPIERRE. — Croyez-vous m'intimider ? Oui, je vous nomme M. l'abbé de Barmond[1], le client de

---

1. L'abbé Charles-François Perrotin de Barmond, né vers 1751, conseiller-clerc au Parlement, fut élu, le 30 avril 1789, député du clergé de Paris aux États généraux. Impliqué dans l'affaire du che-

M. Malouet, et tant d'autres qui étoient dans l'ordre ancien des hommes très puissants et qui ont été élargis sans examen. *(Applaudi vivement à gauche.)* Il ne faut pas que l'Assemblée se refuse à entendre un malheureux, tandis que tant de scélérats jadis illustres ont été absous. *(Applaudi.)* [1]

La motion procédait bien de cet esprit jacobin qui poursuit un but sans le moindre souci des moyens ni de la légalité. Est-ce qu'il pouvait appartenir à une assemblée législative d'anéantir une information régulièrement engagée? Mirabeau voulut sauver au moins les apparences. Il reprit la proposition de Robespierre; mais il en écarta ce qui tendait à l'annulation de la procédure. Tout en demandant l'élargissement de l'accusé, il conclut à son renvoi devant les tribunaux ordinaires. C'était d'ailleurs assez contradictoire avec l'opinion qu'il formulait le mois précédent, quand il invitait les députés d'Issy-l'Évêque à attendre patiemment les décisions de la justice, seule compétente pour statuer sur la détention de l'accusé.

M. DE MIRABEAU. — Cette affaire qui, je l'avoue, a quelques difficultés dans la forme, me paroit extrêmement favorable au fond. Il n'est point de régime qui ne fût

---

valier de Bonne-Savardin, auquel il avait donné asile après son évasion de l'Abbaye et dont il avait favorisé la fuite, il fut arrêté, le 28 juillet 1790, à Châlons-sur-Marne, et, malgré les efforts de Malouet, décrété d'accusation le 23 août. Un jugement du Châtelet prononça son acquittement le 8 octobre suivant. L'abbé de Barmond passa à l'étranger et ne reparut plus sur la scène politique.

1. Voir aux Appendices (IV) une autre version du discours de Robespierre.

sincèrement inculpé par une détention de huit mois, à plus forte raison le régime de liberté.

Il est un décret du Châtelet qui a qualifié de crime de lèze-nation le délit imputé au curé d'Issy. Nous savons aujourd'hui qu'aux termes de la Constitution et par une disposition infiniment sage, infiniment nécessaire au maintien de la liberté, l'Assemblée nationale peut seule qualifier un crime de lèze-nation, peut seule le dénoncer. Je sais aussi qu'il y a quelques embarras dans la forme ; je sais que nous ne pouvons pas juger ; je sais que par cela même que le curé Carion ne seroit pas criminel de lèze-nation, il doit être renvoyé aux tribunaux ; mais il me semble que l'Assemblée peut du moins, et, si elle le peut, certes elle le doit, donner son élargissement provisoire à un malheureux *(applaudi).* Mon avis seroit que l'Assemblée nationale ordonnât l'élargissement et le renvoi aux tribunaux. Si cela n'est pas contredit, je demande qu'on le mette aux voix.

M. DE FOLLEVILLE [1]. — Je le contredis, Monsieur.

M. BARNAVE. — Je crois que non seulement l'Assemblée peut prononcer ce que vient de proposer le préopinant ; mais je crois qu'elle le doit absolument, si elle ne veut pas s'écarter elle-même des principes qu'elle a établis. L'Assemblée a établi en principe qu'il n'appartient qu'au Corps législatif d'accuser du crime de lèze-nation... »

Mais l'opinion de l'Assemblée était faite. Ce qui la frappait évidemment, c'était la durée de la détention préventive. Eh quoi ! à une époque où

---

1. Anne-Charles-Gabriel, marquis de Folleville, né le 14 juillet 1749, lieutenant-colonel d'infanterie, fut élu, le 5 avril 1789, député suppléant de la noblesse aux États généraux par le bailliage de Péronne et remplaça, le 25 décembre suivant, le duc de Mailly-Nesle, démissionnaire. Il siégea à droite et combattit résolument la plupart des actes de la majorité. Il mourut le 15 mai 1835.

les bastilles tombaient, où les institutions judiciaires, décriées, vilipendées, étaient soumises à une refonte générale, où des garanties nouvelles s'offraient aux accusés, il y avait encore des gens qui passaient sept mois en prison dans l'attente d'un jugement qui ne venait pas! N'était-ce pas en opposition flagrante avec les principes déjà inscrits dans la Constitution? Et que penserait-on d'un régime qui, en prétendant réformer l'œuvre de la justice, autorisait de pareils abus? L'Assemblée ne voulut pas en entendre davantage. « Aux voix! aux voix, la motion de M. de Mirabeau! » criait-on de tous côtés. Un vote accorda la priorité à cette motion, et le décret suivant fut rendu « au milieu des applaudissements » :

L'Assemblée nationale, ouï le rapport de son comité des rapports, décrète que le sieur Carion, curé et maire d'Issy-l'Évêque, sera élargi des prisons où il étoit détenu et renvoyé aux tribunaux ordinaires pour y être jugé.

On remarquera que ce fut une des dernières fois que Mirabeau monta à la tribune. Le 21 mars, il lut un discours sur la propriété des mines; les jours suivants, déjà souffrant de coliques néphrétiques, il parla sur la régence; mais cet effort aggrava son mal. Il s'alita le 25 mars et mourut le 2 avril.

II

Le décret du 17 mars reçut le lendemain la sanction royale, et Carion fut élargi. En marge du procès-verbal d'écrou, on lit :

Le 18 mars, en ex^{on} du décret de l'Assemblée nationale sanctionné par le Roi cejourd'hui et dont l'extrait m'a été adressé par M. le Garde des sceaux, M. Carion a été mis en liberté.

Le dénouement de l'affaire ne passa pas inaperçu. Il est difficile de savoir si, comme le prétend un panégyriste de Robespierre, « cette nouvelle victoire de Maximilien sur les royalistes de l'Assemblée ne manqua pas de causer dans le public une impression profonde [1]. » L'incident était trop mince pour remuer les masses ; mais la presse ne dédaigna pas de l'enregistrer, témoin l'article suivant des *Révolutions de Paris*. [2]

M. le curé d'Issy-l'Évêque, dont l'affaire a intéressé tous les vrais patriotes, vient d'obtenir sa liberté par un décret de l'Assemblée nationale, et la procédure est renvoyée devant les tribunaux ordinaires. En vain le Comité des rapports a voulu prouver que l'Assemblée ne pouvoit pas délibérer sur cette matière; en vain le côté droit a hurlé *la question préalable;* le courage invincible de

---

1. *Histoire de Robespierre*, par Ernest Hamel, 1865, t. I, p. 385. Voir aux Appendices (VI).
2. N° 88, p. 500.

M. Robespierre l'a emporté ; il a fait triompher la cause du malheureux et a fermé la bouche aux hurleurs en les faisant souvenir qu'il ne les avoit point interrompus lorsqu'ils avoient plaidé pour l'abbé de Barmont. Continue, intrépide Robespierre, à te faire haïr des méchants ; la vengeance est dans leur cœur ; ils sont forcés de t'admirer.

Carion devait une visite de remerciement aux Jacobins ; il la leur fit le 20 mars. Trois journaux, les *Sabbats jacobites*, le *Lendemain*, et le *Déjeuner patriotique du Peuple*[1], en ont conservé le souvenir. Le curé d'Issy-l'Évêque reçut bon accueil rue Saint-Honoré. Il y avait ce soir-là beaucoup de monde. Quand la séance s'ouvrit, elle comptait trois cent cinquante membres, et, à dix heures trois quarts, heure de la clôture, ce nombre s'était élevé jusqu'à cinq cents. On lut d'abord quelques adresses sans importance. M. de Menou discourut ensuite sur la politique extérieure ; mais il s'avisa de qualifier le roi de « chef suprême de la nation, » et il se trouva aussitôt un patriote, le ci-devant comte de Kersaint, pour lui rappeler durement que la nation, étant souveraine, n'avait de chef suprême qu'elle-même. M. de Menou fit des excuses et se retira tout confus.[1]

Alors on vit paraître le curé d'Issy-l'Évêque, ce vénérable pasteur qui, dans son village, s'étoit établi pouvoir législatif, pouvoir exécutif et pouvoir judiciaire, et que, pour une si vaste et majestueuse conception, on avoit eu

1. N° 59, du 25 mars 1791.

l'audace d'incarcérer. Il venoit remercier le club dominateur des mouvements qu'il s'étoit donnés pour le rendre à la liberté. On vit, on entendit avec ivresse ce grand homme si digne des honneurs du fauteuil jacobite, et la Société, en l'inscrivant au nombre de ses membres, regarda cette acquisition comme la plus belle qu'elle eût pu faire depuis son établissement.[1]

Le Lendemain fut seul à reproduire le discours de Carion :[2]

Je viens offrir à cette Société, dit le curé d'Issy-l'Évêque, les prémices de ma liberté. Malgré la calomnie de mes ennemis, elle a toujours reconnu mon patriotisme, et j'ose dire que c'est par ses soins que je me trouve hors de l'esclavage. Le despotisme n'a point encore perdu tous ses droits ; j'en ai été pendant dix-huit mois la victime ; mais ce malheur n'éteindra pas en moi le patriotisme pour y faire naître le ressentiment. Non, Messieurs, mon cœur est toujours le même, mon courage n'a point perdu sa force. Je renouvelle donc en votre présence le serment prononcé : je suis patriote, je vivrai et mourrai dans ces sentimens.

« Ce discours dans la bouche d'un infortuné a été applaudi, et l'Assemblée a décidé que M. le curé aurait un billet d'entrée à ses séances tant qu'il serait à Paris.

» Quelle bienfaisance ! ajoute ironiquement *le Lendemain*. Avec cette carte apparemment on ne manque pas de pain. »

1. *Sabbats jacobites*, t. I, p. 133.
2. N° du 21 mars 1791.

TROISIÈME PARTIE

CHAPITRE Ier

Nouvelle arrestation.

I

L'affaire ne reçut pas d'autre solution. Les poursuites en restèrent là. Nul ne songea à renvoyer Carion devant les tribunaux de droit commun, et il regagna tranquillement Issy-l'Évêque. Le ministère paroissial avait été rempli, pendant sa détention, par son vicaire, l'abbé Lardy, suppléé quelquefois par l'ancien curé, l'abbé Missolier. C'était le moment où le décret du 27 novembre 1790, imposant le serment de fidélité à la constitution civile, recevait son application. L'abbé Lardy ne prêta point ce serment et signa même au mois de janvier 1791, avec dix-neuf curés de la région, une adhésion à la déclaration de l'archevêque de Lyon en réponse à la proclamation du département de Rhône-et-Loire concernant le serment. Quelques semaines après, il s'associait à une autre protestation des mêmes ecclésiastiques, qui n'entendaient jamais reconnaître « dans l'ordre de la religion d'autre autorité que celle de l'Église¹. » Carion revint sur ces entrefaites et reprit la direction de sa paroisse à partir du 14 avril, ainsi qu'en témoigne le registre des baptêmes, mariages et sépultures. Sa rentrée coïncidait avec l'installation de l'évêque constitutionnel de Saône-et-Loire, Jean-Louis Gouttes, et le remplacement, par voie d'élection, d'une trentaine de curés qui avaient refusé le serment. Carion ne devait pas être avec ces derniers. La conception baroque de l'État prêtre, de l'État distribuant les sacrements par un corps de fonctionnaires salariés et dépendants, s'accordait parfaitement avec ses idées personnelles. Le cumul des pouvoirs continuait à lui sourire, et il se retrouva, sans le moindre embarras, à la tête de la municipalité dont il inspira, comme auparavant, tous les actes.

Le pardon des injures était au nombre des vertus qu'il ignorait. Contrairement à ses déclarations solennelles aux Jacobins, le patriotisme dont il se targuait ne l'emporta point sur le ressentiment, et, persuadé qu'il avait été victime d'une

---

1. *Gazette de Paris*, t. III, n⁰ˢ des 2 février et 8 mars 1791. Si les renseignements recueillis par M. l'abbé Muguet, dans ses *Recherches sur la persécution religieuse en Saône-et-Loire*, sont exacts, l'abbé Lardy se serait ravisé et aurait prêté serment un peu plus tard comme curé de Chalmoux. Le même ouvrage le signale comme ayant été, en 1800, missionnaire à Saint-Symphorien-de-Marmagne.

dénonciation calomnieuse, il forma contre MM. Mollerat et Frapet une demande en dommages-intérêts. Il oubliait qu'aucune décision ne l'avait déchargé de l'accusation. Le décret d'élargissement ne statuait pas, et, en l'absence d'une sentence définitive, l'inculpation demeurait toujours pendante.

L'action suivit son cours. Par jugement du 9 septembre 1791, le tribunal du district d'Autun se fondant sur ce que le décret du 18 mars ne relevait nullement Carion de l'accusation et que rien n'établissait, par conséquent, que la dénonciation eût été calomnieuse, rejeta la demande. Le curé d'Issy-l'Évêque se pourvut en appel. A cette époque les tribunaux de district étaient juges d'appel les uns vis-à-vis des autres. Ce fut au tribunal de Chalon-sur-Saône qu'échut l'affaire. Sa décision fut conforme à celle des premiers juges, et une sentence du 28 janvier 1792 déclara de nouveau Carion non recevable dans sa demande en dommages-intérêts.

C'étaient pourtant à Chalon, comme à Autun, des magistrats désignés par le libre choix des électeurs; mais ils n'eurent pas la bonne fortune des juges de Charolles, qui, ainsi que l'écrivait exactement à la même date Claude Fricaud, devenu l'un deux, « sont bénis même par les plaideurs qui succombent[1]. » Carion ne s'inclina

---

1. *Mon. univ.* du 31 janv. 1792, t. XI, p. 254.

nullement devant le double jugement qui l'évinçait de ses prétentions. Il avait quitté Issy-l'Évêque dès le 16 novembre 1791 et s'était rendu à Paris, laissant sa paroisse aux soins de son nouveau vicaire, l'abbé Gauthier, qui avait succédé, deux mois auparavant, à l'abbé Lardy. Un changement s'était opéré dans le personnel politique. L'Assemblée législative avait pris la place des Constituants. Carion s'imagina qu'elle lui donnerait satisfaction, et il lui soumit une pétition qu'il fit imprimer et distribuer[1]. Dans ce document, il discutait les termes et la portée du décret du 18 mars, et, après avoir invoqué plusieurs articles de procédure criminelle, il concluait ainsi :

L'Assemblée constituante, en me déchargeant des crimes de lèze-nation, n'a pas dit que je fusse inculpé d'autres faits ; elle ne m'a pas mis en état d'arrestation ; elle ne m'a pas accusé ; elle ne m'a pas interrogé sur aucun délit ; elle n'a donc pu me renvoyer pour qu'il fût procédé contre moi à aucune nouvelle instruction. Et ces mots de la loi, du 18 mars 1791 : *renvoyé devant les tribunaux ordinaires pour y être jugé*, ne signifient absolument rien.

Je suis, Messieurs, déchargé de l'accusation de crimes de lèze-nation. La loi du 18 mars 1791 met cette vérité en évidence. J'ai donc le droit, sans qu'on puisse exciper de ces mots : *être renvoyé devant les tribunaux pour y être jugé*, de poursuivre en réparation, satisfaction, dommages-intérêts ceux qui m'ont calomnié dans l'exercice de mes

1. *Pétition de Jean-François Carion, curé d'Issy-l'Évêque, à l'Assemblée nationale*, chez Guilhemat, imprimeur du Bataillon Saint-André-des-Arts, rue Serpente, n° 23. (Bibl. nat., Lb39 10.512.)

fonctions de Curé et de Maire en m'imputant des crimes de lèze-nation; et aucune autorité constituée ne peut m'enlever ce droit sacré chez un peuple libre.

Je demande donc à l'Assemblée nationale législative qu'en interprétant tant que besoin sera la loi du 18 mars 1791, elle ordonne aux tribunaux de recevoir ma demande en dommages-intérêts contre ceux qui par d'horribles calomnies m'ont fait détenir pendant sept mois dans les fers pour mon civisme et les faits patriotiques de la commune d'Issy-l'Évêque; et ce sera justice.

Signé : CARION, curé d'Issy-l'Évêque.

Paris, ce 31 mars 1792.

Cette pétition ne faisait pas honneur à la science politique du signataire. Évidemment le législateur d'Issy-l'Évêque n'avait pas la moindre notion de la séparation des pouvoirs. Les ayant tous concentrés en sa personne, il trouvait tout simple que le pouvoir législatif enjoignît par décret au pouvoir judiciaire d'accueillir sa demande et de lui allouer des dommages-intérêts. L'Assemblée en jugea autrement; la pétition n'eut aucun résultat, et Carion rentra, le 23 mai 1792, à Issy-l'Évêque, où il mena de front l'exercice du culte, la direction de la municipalité, la présidence du Comité de salut public et celle de la Société populaire [1].

---

[1]. Une adresse de la Société des Jacobins de Paris aux sociétés affiliées des départements, portant la date du 15 septembre 1791, avait invité ces sociétés à prendre le titre de Sociétés populaires et fraternelles des Amis de la Constitution.

Ce fut, comme auparavant, une incroyable confusion d'attributions. Le curé gérait les finances municipales, le maire confessait ses administrés, l'homme d'église pérorait au club, le président du comité de Salut public bénissait les mariages et portait les derniers sacrements aux mourants. Quand le décret du 20-25 septembre 1792, déterminant le mode de constater l'état civil des citoyens, eut prescrit l'établissement de trois registres par les municipalités, les officiers municipaux d'Issy-l'Évêque arrêtèrent le registre paroissial tenu par Carion, curé, et le remirent aussitôt entre les mains de Carion, officier public, ainsi qu'en fait foi le procès-verbal suivant : [1]

Le deux décembre mil sept cent quatre vingt douze, l'an premier de la république, nous officiers municipaux d'Issy-l'Évêque, accompagnés du greffier de la municipalité, avons clos et arrêté le registre des actes de baptême, mariage et sépulture, et avons remis ledit registre courant entre les mains du citoyen Carion, officier public, pour faire désormais en cette qualité les actes de naissance, mariage et sépulture, conformément à la loi du 20 septembre mil sept cent quatre vingt douze.

Signé : COLLAT, LEDEY, RADET.

Ce procès-verbal est de la main même de Carion. La veille encore, il avait signé un acte de baptême : « Carion curé d'Issy-l'Évêque. » A partir du 2 décembre, il dressa sur le registre

[1]. Archives paroissiales d'Issy-l'Évêque.

laïcisé les actes de l'état civil et les signa : « Carion, officier public. »

Les épreuves que le curé-maire avait subies ne l'avaient pas changé. Son administration ne fut, comme la précédente, qu'une série de vexations et d'abus d'autorité. Fidèle au système qu'elle avait inauguré en 1789, la municipalité consignait à domicile et frappait d'amendes exorbitantes les particuliers dont les actes ou les propos lui semblaient injurieux. Elle recouvrait ces amendes, mais ne faisait aucune mention de leur encaissement ni de leur emploi sur ses registres. Afin d'augmenter encore les revenus communaux, elle ajoutait à chaque cote et dans des proportions différentes « des sols additionnels. » Elle continuait aussi à s'arroger les droits de grande voirie et ordonnait la démolition des bâtiments qui contrariaient ses projets d'alignement. Usurpant enfin les attributions judiciaires, elle transférait le siège de la justice de paix chez l'un de ses membres, auquel elle en assignait les fonctions.

Ces excès ne trouvèrent point d'approbation. C'était précisément l'époque où une lutte décisive s'engageait entre les Jacobins et les Girondins. L'administration départementale s'était rangée du côté de ces derniers, et, adoptant la proposition formulée par Guadet, le 18 mai 1793, à la Convention, elle avait, par délibération du 30 mai, prescrit aux députés suppléants de Saône-et-Loire de se rendre à Bourges et de se tenir prêts à y constituer avec ceux des autres départements une nouvelle Convention[1]. Le directoire du district de Bourbon-Lancy[2], devenu Bellevue-les-Bains[3], ne voulut pas tolérer plus longtemps les désordres fomentés par Carion. Il se décida, en conséquence, à suspendre la municipalité d'Issy-l'Évêque et à faire emprisonner plusieurs de ses membres. Le 16 juin, en vertu d'un arrêté pris la veille, Carion et ses collègues, Claude Radet, procureur de la commune, Lazare Ledey et François Baudin, officiers municipaux, se virent arrêter. Il fut procédé en même temps à la saisie des registres de la mairie, du Comité de salut public et de la Société populaire.

La commune se remua aussitôt. Elle fut secondée par les Jacobins d'Autun et notamment par le citoyen Barbe, professeur au collège. On s'adressa à la Convention. Celle-ci traversait des circonstances critiques; mais déjà les Girondins avaient été décrétés d'arrestation, et l'administration de Saône-et-Loire, terrifiée, avait révoqué,

---

[1]. *Mon. univ.*, t. XVI, p. 738.

[2]. Il se composait des citoyens Philippe Compin, président, Charles-Marie-François Lambert, vice-président, Jean Bijon et François Rozet.

[3]. Quelques semaines après le décret qui avait « délivré le peuple de son tyran et de son assassin, » Bourbon-Lancy avait répudié son nom « odieux et insupportable. » Et, « pour ne pas prolonger un instant de plus l'indignation des républicains de la commune, » la Convention, à la demande du député Montgilbert, s'était hâtée de l'appeler Bellevue-les-Bains. (Séance du 11 mars 1793, *Mon. univ.*, t. XV, p. 690.)

le 18 juin, sa délibération, ainsi que Jean-Bon-Saint-André l'annonça, le 24, à la Convention, qui s'empressa de témoigner sa satisfaction en votant au département « la mention honorable [1]. » La veille même, l'Assemblée avait reçu du conseil général de la commune d'Autun une adresse de soumission. Les membres de ce conseil, soucieux de « rester toujours à la hauteur de la Montagne, » applaudissaient aux mesures de la Convention nationale, « qui n'est jamais si grande que lorsqu'elle cesse d'allumer sur l'autel des loix les feux de la discorde pour travailler au bonheur public. [2] » Les Mâconnais n'avaient pas un moins pompeux langage. « La statue de la Liberté, écrivaient-ils, venait d'être ébranlée dans son sanctuaire ; mais vous avez découvert et proscrit ces liberticides, qui, cachés sous son manteau, creusaient à ses pieds des abimes avec les poignards du modérantisme. »[3]

Plus que jamais les modérés avaient tort. La Convention le leur fit bien voir. A la séance du 28 juin, tenue sous la présidence de Thuriot [4], qui

1. *Mon. univ.*, t. XVI, p. 750.
2. *Ibid.*, p. 726.
3. *Ibid.*, t. XVII, p. 19.
4. Jacques-Alexis Thuriot, chevalier de la Rozière, né le 1ᵉʳ mai 1753, avocat à Reims, fut élu député de la Marne, en 1791, à l'Assemblée législative, et, le 3 septembre 1792, à la Convention. C'est lui qui présidait, le 9 thermidor, au moment où fut ordonnée l'arrestation de Robespierre. Décrété d'accusation le 21 mai 1795, il bénéficia de l'amnistie du 26 octobre suivant. Il occupa ensuite divers postes judiciaires, fut banni en 1816 et mourut, député de la Marne, le 29 juin 1829.

avait été élu le jour même à ces fonctions, un membre qui n'est pas nommé, un député de la région, sans doute, Guillemardet ou Montgilbert, demanda la mise en liberté des officiers municipaux d'Issy-l'Évêque, et l'Assemblée fit aussitôt droit à sa requête. Les journaux du temps ont tous omis de mentionner l'incident ; mais le recueil original des décrets de la Convention[1], complété par les notes manuscrites des secrétaires pour la rédaction des procès-verbaux[2], en fournit la preuve. Le décret est ainsi libellé :

Décret de la Convention nationale du vingt-huit juin 1793, l'an deuxième de la république française.

La Convention nationale, sur la proposition d'un de ses membres, décrète que l'administration du district de Bellevue-les-Bains rendra compte immédiatement, après la notification du présent décret, des motifs de l'arrestation du maire et de quelques officiers municipaux de la commune d'Issi-l'Évêque, et que provisoirement le maire et les officiers municipaux seront mis à l'instant en liberté ;

Charge au surplus son comité de sûreté générale de prendre des renseignements sur la conduite des administrateurs de Bellevue-les-Bains, et de lui en faire incessamment son rapport.

On trouve au bas du décret la signature de « Thuriot, président, » et celle des six secrétaires : « Ch. Delacroix, Gossuin, P.-A. Laloy, R.-T. Lindet, Levasseur, Billaud-Varennes, » élus à ces

---

1. Archives nationales, A 135, n° 2183.
2. Ibid. C II, f° 49, n° 194.

fonctions, les trois premiers à la séance du 14 juin, les trois autres à la séance même du 28. En marge, une courte formule exécutoire porte le contreseing de Bouchotte, ministre de la guerre, et de Gohier, ministre de la justice. Aucun indice ne permet d'établir si la décision de l'Assemblée fut précédée d'un débat. Les notes recueillies au cours de la séance par Billaud-Varennes, qui tenait la plume, sont exactement rédigées comme le décret lui-même et ne contiennent pas un mot de plus.

II

La Société populaire d'Autun s'était érigée en parlement. Elle avait siégé d'abord rue Saint-Christophe, dans la chapelle des Jacobines transformée en salle de danse sous le nom exotique de Vaux-Hall; mais les assemblées extraordinaires se tenaient dans la chapelle du Collège. A partir de 1793, la Société, qui venait de prendre le nom de Société des Sans-Culottes, adopta définitivement cet édifice. On construisit même de vastes tribunes pour recevoir le public qu'attirait l'éloquence des Décius Grognot et des Brutus-Marat Bauzon.

Le 28 juin, le jour même où la Convention ordonnait l'élargissement des officiers municipaux d'Issy-l'Évêque, le club s'occupa de l'affaire. Il fut donné lecture de la lettre par laquelle la municipalité sollicitait l'intervention de la Société populaire ; mais, après un échange d'observations, la question fut ajournée jusqu'à plus ample informé. L'irritation était d'ailleurs très profonde. A la séance du 3 juillet, un sans-culotte proposa « la radiation du citoyen Compin, président du district de Bellevue-les-Bains, fondée sur la conduite qu'il a tenue dans l'affaire du citoyen Carion et de la municipalité d'Issy-l'Évêque. » Sa motion fut adoptée. Carion trouva la satisfaction insuffisante et revint sur ce sujet à la séance du 10 juillet. Les mesures dont il avait été l'objet criaient vengeance. Le procès-verbal constate que « le citoyen Carion, maire d'Issy-l'Évêque, a instruit la Société de toutes les cruautés exercées par le district de Bellevue-les-Bains contre les officiers municipaux de sa commune, et a invité la Société à se réunir à lui pour obtenir de la Convention la justice qui est due à cette commune. »

Le directoire du département voyait les choses d'un autre œil. Un rapport sur les actes de la municipalité d'Issy-l'Évêque fut présenté, le 7 juillet, au conseil général. L'assemblée appelée ainsi à délibérer sur les méfaits d'un curé était présidée ce jour-là par un autre curé, Roberjot[1],

---

1. Claude Roberjot, né en 1753, installé le 11 août 1779 curé de Saint-Vérand, canton de la Chapelle-de-Guinchay (Saône-et-Loire), prêta serment à la constitution civile, le 11 février 1791, devant l'Assemblée électorale réunie pour l'élection de l'évêque de Saône-et-

qui exerçait encore le ministère paroissial à Saint-Pierre de Mâcon en attendant l'occasion prochaine d'y renoncer bruyamment. Le rapport dépeignait en termes sévères la conduite de la municipalité : « Jean-François Carion, curé et maire, y lit-on, Claude Radet, procureur de la commune, Lazare Ledey et François Baudin, officiers municipaux, paroissent les plus inculpés... » Et le rapport, énonçant les faits ci-dessus relevés, y trouvait les éléments de « plusieurs genres de délits : vexations, concussions, abus de pouvoir, forfaitures, prévarications, méconnaissance des autorités. » Le conseil général édifié arrêta que la municipalité serait déférée au directeur du « juré » d'accusation de Bellevue-les-Bains.

Carion contait volontiers ses griefs aux représentants du pays. Ce fut pour lui l'occasion d'une nouvelle adresse « aux citoyens députés de la Convention nationale composant le Comité de sûreté générale [1]. » Payant d'audace, comme à l'ordinaire, il renvoya l'accusation dont il était l'objet à ceux-là mêmes qui la formulaient. Jadis,

---

Loire. Candidat lui-même à l'épiscopat, il obtint une quarantaine de voix. Le 16 mai 1791, il fut nommé curé de Saint-Pierre de Mâcon. Élu député à la Convention après le 31 mai 1793, il renonça solennellement, le 27 octobre suivant, « à toutes fonctions du culte, » et se maria. Il devint ensuite commissaire à l'armée de Pichegru, ambassadeur près les Villes Hanséatiques, et en 1798 plénipotentiaire au congrès de Rastadt. Il fut assassiné à la sortie de cette ville, le 28 avril 1799.

1. Chez Guilhemat, imprimeur de la Liberté, rue Serpente, n° 23. (Bibl. nat. Lb 41 757.)

inculpé de lèse-nation, il avait inculpé le Châtelet du même crime. Cette fois encore, il appliqua le procédé : accusé de forfaiture, il dénonça les administrateurs du district de Bellevue-les-Bains « pour cause de forfaiture, » et réclama qu'ils fussent « punis selon les loix. »

Il n'est pas question de savoir, dit-il, si les officiers municipaux d'Issy-l'Évêque ont commis des délits, mais seulement si, sous prétexte de ces délits, les administrateurs de Belle-Vue ont pu, de leur autorité privée, les suspendre, les arrêter et les incarcérer; s'ils ont pu envoyer contre eux, pendant la nuit du 15 au 16 juin, une troupe armée pour forcer la Maison commune, enlever les registres de la Municipalité, du Comité de Salut public, du Tribunal de police municipale et rurale d'Issy, de la Société populaire; s'ils ont pu s'emparer des rôles d'à-compte de 1792 et de plusieurs papiers important à la commune d'Issy et au salut de la République.

Il s'agit de savoir s'ils ont pu exposer les Officiers Municipaux d'Issy-l'Évêque et particulièrement le Maire et le Procureur de la Commune à être assassinés par les gens suspects qu'ils ont armés et envoyés à eux pour les enlever, et si la sûreté générale n'est pas intéressée à ce qu'une Municipalité, qui est un corps constitué, soit respectée; et s'il est permis à des Administrateurs de District de provoquer la guerre civile dans un canton et armer les Communes les unes contre les autres.

Il s'agit de savoir si la sûreté générale n'exige pas que les fonctions des Corps Municipaux ne soient pas interrompues dans un temps surtout où la Patrie est en danger et où les Administrateurs de District et de Département conspirent ouvertement et en secret contre elle.

Il s'agit de savoir si un District, par un pouvoir despotique, peut empêcher les mesures de sûreté générale qu'une Municipalité et un Comité de Salut public réunis prennent pour surveiller les personnes que toute une Commune a dès longtems reconnues pour suspectes ; s'il peut arbitrairement lever les consignes qui leur ont été données à domicile, saisir les preuves par écrit qui existent contre elles et les anéantir.

Il s'agit de savoir, Citoyens, si des Administrateurs de District peuvent à leur gré bouleverser l'Administration municipale d'une Commune, l'empêcher de jouir de ses biens communaux et la priver de toutes les confiscations que la Loi prononce en sa faveur, lesquels objets sont à l'instant pour la Commune d'Issy d'une valeur au dessus de vingt mille livres.

Enfin il s'agit de savoir si des Administrateurs de District peuvent fouler aux pieds tous les Citoyens d'une Commune nombreuse pour favoriser une poignée d'aristocrates, d'accapareurs, de voleurs de communaux, de chemins et places publiques, qui sont tous leurs parents ou leurs amis.

Les Administrateurs du District de Belle-Vue n'ont pu commettre tous ces délits sans encourir visiblement et volontairement la forfaiture, et ils doivent en être sévèrement punis. C'est le vœu de la Commune d'Issy, qui le demande comme membre du Souverain, et la sûreté générale de la République l'exige ; car où serait cette sûreté, si des Administrateurs plus que suspects de fédéralisme et d'aristocratie étaient les maîtres de paralyser en un instant toutes les Municipalités de leur ressort ?

La Commune d'Issy demande que la Municipalité d'Issy soit réintégrée par un décret dans toutes ses fonctions. Elle déclare que les Administrateurs du département de Saône-et-Loire étant entrés dans la coalition départementale ont entièrement perdu sa confiance et qu'aux termes de la loi du 17 juin dernier elle ne peut être jugée par eux. Elle demande que la Convention nationale juge elle-même ; elle se soumet à tout ce qu'elle décidera et proteste qu'en toutes choses elle n'a agi qu'avec des vues et des intentions pures, et que, si elle a fait des fautes, ce n'est que par erreur et par la nécessité des circonstances, mais jamais par mauvaise volonté.

CARION,
Maire d'Issy-l'Évêque,
Président du Comité de Salut public et de la Société
Républicaine d'Issy-l'Évêque, fondé de pouvoir par
la Commune d'Issy-l'Évêque.

Paris, ce 22 juillet 1793, l'an 2e de la République Française une et indivisible.

Cette pétition fut encore imprimée ; mais l'heure était mal choisie. Au dedans comme au dehors, la Convention avait d'autres soucis. Soixante départements refusaient de se soumettre à son autorité ; Lyon était, dès le 15 juillet, en état de rébellion ; Toulon et Marseille se soulevaient à quelques jours d'intervalle. Le 17, les Vendéens mettaient en déroute l'armée républicaine et se disposaient à marcher sur Nantes. Le 19, Mayence se rendait aux Prussiens ; le 26, Valenciennes, assiégée par les Autrichiens, capitulait aussi. Au milieu de ces graves événements, la dénonciation du maire d'Issy-l'Évêque passa, sans doute, inaperçue, et le Comité de sûreté générale ne perdit pas son temps à examiner les récriminations de cet incorrigible brouillon.

Les événements lui donnèrent cependant gain

NOUVELLE ARRESTATION.   205

de cause. A l'époque même où il adressait sa dénonciation, la Convention envoyait dans la région les représentants Châteauneuf-Randon[1], Reverchon[2] et Javogues[3], avec mission « d'y maintenir l'ordre et d'y assurer l'obéissance à la loi, » c'est-à-dire d'y étouffer par la terreur toute velléité de révolte. Une de leurs victimes fut cet André Merle qui avait été le rapporteur de l'affaire Carion et qui était alors procureur général syndic du département de Saône-et-Loire. Il fut révoqué de ses fonctions par un arrêté du 26 septembre

1. Alexandre-Paul Guérin, comte de Châteauneuf-Randon, marquis de Tournel, né à Tarbes le 18 octobre 1759, capitaine de cavalerie, fut élu le 30 mars 1789 député suppléant de la noblesse de la sénéchaussée de Mende aux États généraux, et y remplaça le marquis d'Apchier démissionnaire. Élu, le 5 septembre 1792, député de la Lozère à la Convention, il siégea à la Montagne et seconda Couthon pendant le siège de Lyon. Après le 9 thermidor, il servit dans les armées. Rallié à Bonaparte, il fut nommé le 3 novembre 1801 préfet des Alpes-Maritimes ; mais il ne conserva pas longtemps ce poste. Il mourut en 1816 à Épervans (Saône-et-Loire).

2. Jacques Reverchon, né le 21 février 1750, à Saint-Cyr-au-Mont-d'Or (Rhône), négociant en vins à Vergisson (arrondissement de Mâcon), fut élu député de Saône-et-Loire, le 31 août 1791, à l'Assemblée législative, et, le 6 septembre 1792, à la Convention. Il entra le 26 octobre 1795 au conseil des Cinq-Cents, et passa, le 14 avril 1799, aux Anciens. Il se retira au 18 brumaire, fut exilé en 1816 et mourut à Nyon (Suisse) le 30 juillet 1828.

3. Claude Javogues, né le 20 août 1759, huissier à Montbrison, fut élu, le 9 septembre 1792, député de Rhône-et-Loire à la Convention. Il remplit à Lyon et dans les départements voisins des missions où il se signala par sa cruauté et ses exactions. Dénoncé par les populations de l'Ain et de Rhône-et-Loire comme « l'assassin et le dévastateur de son pays, » impliqué dans l'insurrection du 20 mai 1795 (1er prairial an III), il fut décrété d'accusation le 1er juin, mais sauvé par l'amnistie du 26 octobre suivant. Ayant encore pris part à la conspiration du camp de Grenelle, il fut condamné à mort et fusillé le 9 octobre 1796.

fondé sur ce « qu'il avait cherché depuis quelque temps à entraîner dans la confédération du fédéralisme l'administration du département, soit en s'opposant aux mesures de rigueur que les administrateurs du directoire voulaient prendre en certaines circonstances, soit en défendant avec chaleur tout moyen dilatoire modéré et propre à étouffer l'énergie des patriotes sous les spécieux prétextes de fraternité et de conciliation, lorsque les départements voisins prenaient eux-mêmes des mesures violentes et qu'ils levaient une force armée, etc. » C'était la préface d'un arrêt de mort. Un mois après, Lyon ouvrait ses portes et subissait les fureurs des conventionnels. Merle y fut transféré. Jugé le 5 décembre, il fut livré, avec un millier d'autres proscrits, à la mitraille expéditive de Collot d'Herbois. Il y échappa par hasard, mais ce ne fut que pour être sabré un peu plus loin par des cavaliers à sa poursuite.

Le fédéralisme était noyé dans le sang des Girondins et de ceux qui les avaient suivis. Les autorités secondaires réputées suspectes furent frappées à leur tour. Elles avaient tout à redouter des conventionnels. Javogues avait commis à Lyon de telles atrocités que Couthon lui-même put l'accuser plus tard d'avoir exercé sa mission « avec la cruauté d'un Néron. » C'est lui qui le 10 septembre 1793, à « Bourg-Régénéré, » déclarait à la Société populaire que « l'édifice de la prospérité publique ne pouvait se consolider que par la destruction et sur le cadavre du dernier des honnêtes gens. » Pendant son séjour à Mâcon, il s'enivrait journellement en buvant dans les calices volés aux églises. Evidemment ce crapuleux personnage n'était pas d'humeur à tolérer le modérantisme de l'administration de Bellevue-les-Bains. Il supprima le district par arrêté du 13 frimaire an II (3 décembre 1793), « à raison de l'incivisme des citoyens de ce district » qui n'avait pas fourni de contingent pour l'armée destinée à combattre les Lyonnais[1]. Quatre jours après, il fit rendre par l'administration du département un arrêté ordonnant l'incarcération des membres du directoire de Bellevue-les-Bains. Les désirs de Carion se trouvèrent ainsi exaucés.

CHAPITRE I

Avant et après le 9 thermidor.

II

Les vœux ecclésiastiques ne gênaient guère le curé d'Issy-l'Évêque, et il l'avait prouvé, cette année même, en contractant mariage. Il tint cependant à entourer sa désertion d'une certaine

---

[1]. Cet arrêté fut cassé par le Comité de salut public en nivose an III (janvier 1794).

publicité. C'était l'heure des apostasies. Gobel, évêque de Paris, en avait donné le signal, le 7 novembre, à la barre même de la Convention. L'exemple se propagea vite. Quelques jours après le conseil général de la commune d'Autun informait l'Assemblée « que les citoyens Lanneau[1], Martin[2] et Masson[3] ont renoncé au sacerdoce ; leurs titres et leurs lettres de prêtrise ont été solennellement livrés aux flammes[4]. » Carion prit

1. Pierre-Antoine-Victor de Lanneau de Marcy, né, le 24 décembre 1758, au château de Bar-lès-Époisses (Côte-d'Or), d'abord chanoine de l'église de Langres, puis théatin, était en 1791 directeur du collège de Tulles, où il fut connu de Jean-Louis Gouttes, originaire de cette ville, et député de la sénéchaussée de Béziers. Quand celui-ci devint évêque constitutionnel de Saône-et-Loire, de Lanneau le suivit en qualité de vicaire épiscopal. Il avait embrassé avec ardeur la cause de la Révolution, et, quoique étranger à la ville d'Autun, il y joua un rôle considérable. Il fut tour à tour et parfois en même temps maire, principal du collège, président de la Société populaire, procureur-syndic de l'administration du district. Il se maria en décembre 1792 et demanda, le 10 novembre 1793, à la Société populaire de livrer aux flammes « le brevet de l'imposture et du charlatanisme » qu'il avait reçu « des mains de la superstition. » Les mesures violentes ne lui répugnaient pas, et il envoya notamment au tribunal révolutionnaire un jeune prêtre, l'abbé Jean-Marie Lecomte, qui fut guillotiné le 18 décembre 1793. Il pressa aussi le procès de Gouttes. Ces tristes antécédents sont peu connus, et le nom de Victor de Lanneau n'éveille guère que le souvenir de l'habile pédagogue qui reconstitua le collège Sainte-Barbe. Voir à son sujet, dans les *Mémoires de la Société Éduenne*, l'étude de M. Anatole de Charmasse sur *Jean-Louis Gouttes, évêque constitutionnel*, t. XXIII, p. 452 ; t. XXIV, p. 169 ; et t. XXV, p. 142.

2. Jean-François Martin, d'abord théatin, nommé vicaire épiscopal en avril 1791.

3. Antoine Masson, prêtre oratorien, nommé vicaire épiscopal le 15 mai 1791. Il se maria et fut un des promoteurs du culte de la Raison à Autun.

4. *Bulletin de la Convention nationale*, séance du 9e jour de la 3e décade du 2e mois de l'an II (19 novembre 1793).

le même parti. Le procès-verbal de la séance tenue à Autun le 30 brumaire an II (21 novembre 1793) par les membres de la Société populaire constate que « deux lettres viennent de nouveau apprendre à la Société la chute du fanatisme et les victoires de la raison. Les citoyens Joly, ci-devant moine[1], et Carion, curé d'Issy-l'Évêque, renoncent au métier de prêtre et ne veulent dorénavant faire de profession que celle de la vérité et du bon sens. » Peut-être Carion se fût-il évité bien des ennuis, si ce bon sens dont il se déclarait résolu à ne plus s'écarter l'eût inspiré plus tôt.

Trois semaines après, la Raison s'installait dans la ci-devant cathédrale d'Autun sous les traits de la citoyenne Sophie Deroche. Les localités placées sous des vocables de saints s'empressaient de laïciser leurs noms : Saint-Gengoux devenait Jouvence; Saint-Christophe-en-Bresse, Hercule; Saint-Côme, Mont-Marat; Saint-Eugène, Auzer-l'Égalité; Saint-Germain-du-Plain, Le-Peletier-du-Plain; Mont-Saint-Vincent, Belvédère; Saint-Loup-de-la-Salle, Arbre-Vert; Saint-Martin-en-Bresse, Tell-les-Bois, etc. Autun, qui s'était laissé infliger le nom du « despote Auguste, » protestait contre cette humiliation dix-huit fois séculaire en s'appelant Bibracte. Le bourg d'Issy ne pouvait pas conserver un qualificatif qui éveillait les souvenirs abhorrés du domaine épis-

---

1. Dom Nicolas Joly, sous-prieur de l'abbaye de Saint-Martin d'Autun.

copal; il s'annexa le nom d'un de ses hameaux qui avait l'avantage de prêter à un double sens, et ce fut désormais Issy-la-Montagne.[1]

La Raison y eut aussi son temple. Le 20 pluviôse (8 février 1794), la vieille église vit inaugurer le culte imaginé par Anacharsis Cloots. Désirant que rien ne manquât à l'éclat de cette solennité, la municipalité avait invité la Société populaire d'Autun à s'y faire représenter. Celle-ci délégua les citoyens Cormier et Thévenot[2]. Nul document ne rapporte ce que fut la fête; mais la prépondérance exercée par Carion ne permet guère de douter que l'ancien curé n'ait été un des plus fervents promoteurs du nouveau culte. Il s'y prenait d'ailleurs un peu tard. L'Être suprême allait remplacer inopinément la Raison, sauf à disparaître lui-même, trois mois après, avec Robespierre, qui avait eu la politesse de faire proclamer son existence.

On ne s'amusait pas seulement à ces jeux de mots et à ces farces sacrilèges. La loi du 17 septembre 1793 emplissait de suspects les prisons d'Autun. Carion ne dut pas voir sans quelque satisfaction les verrous retomber sur plusieurs des personnes qui avaient été mêlées plus ou

---

1. Ce nom de Montagne était fort à la mode. Dans les derniers mois de 1793, Toulon devient ainsi Port-la-Montagne; Morey, Trois-Montagnes; Sainte-Menehould, Montagne-sur-Aisne; Saint-Germain-en-Laye, Montagne-du-Bon-Air; Saint-Martin-du-Tartre (Saône-et-Loire), Montagne-du-Plain, etc.
2. Séance du 15 pluviôse an II.

moins directement à son procès, Michel Frapet[1], Joseph Mollerat, Baudrion et Pigenat, ces deux anciens conseillers du bailliage qui l'avaient décrété d'ajournement personnel, Gonon, le notaire qui avait conservé dans ses minutes le double du fameux règlement. Il dut sourire aussi, quand l'ex-lieutenant criminel Serpillon fut arrêté et transféré à Mâcon. Les circonstances servaient bien ses rancunes.

A ce moment, ses amis politiques songeaient à utiliser au profit de la Révolution l'esprit de propagande qui ne cessait de l'animer. Les événements lui avaient fait des loisirs. La mairie d'Issy-la-Montagne était passée aux mains de Claude-Gilbert de Montchanin ; l'église n'ouvrait plus ses portes qu'aux assemblées décadaires. Justement le Comité de salut public avait invité la Société populaire d'Autun à former une liste des citoyens qui lui paraissaient aptes à remplir des fonctions publiques. Au cours de la séance du 9 ventôse an II (27 février 1794), « un membre observe que le citoyen Scourion[2], professeur au collège), bon littérateur, peut être employé utilement à la bibliographie, et que le citoyen Carion, curé d'Issy-la-Montagne, ayant de tout temps écrit

1. Écroué à la Visitation-Sainte-Marie le 28 frimaire an II (18 décembre 1793).

2. Pierre-Jacques Scourrion était entré en 1787, comme associé laïque, dans la congrégation des Pères de l'Oratoire qui administrait le collège d'Autun. Il était en dernier lieu professeur de cinquième. Il avait prêté le serment constitutionnel le 17 avril 1791.

et travaillé en faveur du peuple contre les ci-devant prélats et seigneurs, doit être un excellent apôtre de la Révolution ; sur quoi la Société arrête que son comité inscrira au tableau que demande le Comité de salut public le citoyen Scourion pour la bibliographie, et le citoyen Carion pour l'apostolat révolutionnaire.[1] »

Ces fonctions d'apôtre étaient un peu vagues ; les Jacobins les jugeaient néanmoins fort utiles, car ils revinrent à la charge. On lit dans le *Bulletin de la Convention nationale*, daté du 17 floréal an II (6 mai 1794) :

La Société populaire d'Autun sollicite de la Convention qu'elle invite toutes les sociétés populaires de la République d'envoyer des missionnaires dans les campagnes de leurs arrondissements respectifs pour scruter la conduite des fermiers et de certains agitateurs, détruire les fausses nouvelles et présenter la vérité toute nue à des hommes dignes de la connoître et de la sentir.

La situation des fermiers n'eût pas été enviable si Carion avait été institué missionnaire ; mais le Comité de salut public paraît n'avoir fait aucun cas des aptitudes du ci-devant curé d'Issy-l'Évêque. Il faut sauter quelques mois pour retrouver le nom de ce dernier au bas d'un document officiel. Les événements se succédaient avec une rapidité étourdissante, et cependant il n'en était pas un qui ne servît de prétexte à la rédaction d'adresses enflammées. Le département de Saône-

---

[1]. Procès-verbaux des séances de la Société populaire d'Autun.

et-Loire se distingua dans ces envois réitérés. Quand Robespierre eut fait guillotiner, le 5 avril 1794, Danton, Camille Desmoulins, Hérault de Séchelles, les sociétés populaires d'Autun, de Mâcon, Chalon, Tournus, Charolles, Bel-Air-sur-Arroux (Toulon), Jouvence, Belvédère, Sennecey, Chagny, etc., etc., se hâtèrent de féliciter la Convention « de l'anéantissement de la conspiration qui a menacé un instant la liberté. » Toutes ces adresses furent lues ou mentionnées à la séance du 14 avril. L'attentat de Ladmiral sur la personne de Collot d'Herbois, commis le 22 mai, et la prétendue tentative de Cécile Renaud contre Robespierre, survenue le lendemain, provoquèrent une nouvelle série de manifestations. Les sociétés d'Autun, Chalon, Bellevue-les-Bains, Charolles, Paray, Louhans, Palinges, etc., exprimèrent à la Convention leur joie « de ce que la Providence a conservé à l'humanité des hommes qui, par leur énergie et leur courage, feront proclamer d'un pôle à l'autre les droits sacrés de l'égalité et de la fraternité. »

La Société d'Issy-la-Montagne partagea ces sentiments ; mais sa délibération fut troublée par un incident. Le 1ᵉʳ juin, jour où ses membres s'assemblaient pour demander « que l'on félicitât la Convention de ce que l'Être suprême avoit paré les coups que d'infâmes assassins portaient aux représentans Robespierre et Collot d'Herbois, » trois commissaires délégués par le directoire de Bellevue-les-Bains, Antoine Compin, président de l'administration du district, Gilbert Couchot et Jean Jacob, maires de communes voisines, se concertaient avec les officiers municipaux à l'effet d'assurer l'exécution de réquisitions de grains pour l'armée. Tout à coup trois individus firent irruption dans la maison commune. Le premier avait été un des plus dévoués « satellites » de Carion : c'était Lazare Colas, l'ancien galérien qui s'entendait si bien à arrêter les voitures de grains et à démolir les murs. Les deux autres se nommaient Étienne Lapetite et Jacques Frapet, l'un charpentier, l'autre journalier. Excités par la boisson, ils firent du tapage et proférèrent contre les officiers municipaux des menaces injurieuses. Ils se rendirent ensuite à la Société populaire, qui délibérait son adresse; mais, comme ils n'en faisaient pas partie, on les mit à la porte. Colas ne s'en tint pas là; il alla relancer Compin et Couchot jusque chez un sieur Claude Alexandre, greffier de la justice de paix, qui leur avait offert à souper, et, à la suite de nouvelles grossièretés, il se livra à des voies de fait sur la dame Alexandre et même sur Compin, qu'il renversa. Il fallut le concours de la garde nationale pour s'emparer de ce forcené. On l'enferma à la maison d'arrêt, et, trois heures après, « étant de sang-froid, » il cria : Vive le roi ! [1]

[1]. Archives nationales, *Tribunal révolutionnaire*. W. 166, n° 237. — *Bulletin du tribunal criminel révolutionnaire*, 5° partie, n° 53, p. 210.

Un pareil cri menait sûrement à l'échafaud. Colas ne connaissait guère le roi que pour avoir ramé sur ses galères, et il était certain qu'il ne souhaitait nullement le rétablissement de la monarchie. A bout d'invectives, il avait tout simplement poussé le cri qu'il savait être le plus désagréable aux oreilles municipales. Mais on ne s'attardait pas alors à peser les intentions. Dès le lendemain, un arrêté du directoire prescrivit l'arrestation des coupables. La commune d'Issy-la-Montagne, qui les connaissait bien, se borna à ordonner le transfèrement de Colas et, se fondant sur ce que Lapetite et Frapet avaient agi en état d'ivresse, « seul motif qui les a engagés à se porter aux excès qui leur sont reprochés, » elle décida leur renvoi en police correctionnelle. Cette indulgence relative ne fut pas du goût du directoire. Le 4 juin, le citoyen Parent, son agent national, dénonça la conduite de la municipalité comme « un autre attentat à l'autorité de l'administration » et requit l'arrestation de Lapetite et de Frapet. Il fut fait droit à ces conclusions; mais ce fut à la séance du 6 juin que l'affaire prit tournure. L'agent national, lui donnant des proportions énormes, prononça un réquisitoire foudroyant, dont il serait vraiment dommage de ne pas donner le texte :

La lenteur avec laquelle plusieurs communes de ce district versoient leur contingent en grains vous détermina à prendre un arrêté le 11 de ce mois tendant à envoyer des commissaires pour en accélérer la livraison. En effet, les citoyens que vous avez investis de votre confiance se sont empressés de remplir cette mission importante avec le plus grand zèle; mais vous allez frémir d'horreur à la vue des obstacles qu'ils ont rencontrés dans leur marche.

Des scélérats n'obéissants qu'aux sentiments pervers de l'égoïsme et partisans de l'infâme Capet ont tout osé. Il n'est pas d'excès auxquels ils ne se soient livrés. Le respect envers les autorités constituées, ordonné par toutes les loix, a été violé avec le plus grand éclat. Après avoir cherché à arrêter les magistrats du Peuple en s'abandonnant aux propos les plus injurieux, ils n'ont pas craint, ces furieux, ces monstres, de pénétrer jusque dans les aziles les plus respectables et les plus sacrés. Le peuple, réuni dans le lieu ordinaire de ses séances pour se nourrir des loix et féliciter la Convention nationale sur ses plus augustes travaux et remercier l'Être suprême de ce qu'il a arrêté l'assassin parricide qui tentoit d'écrouler les colonnes de notre sublime et admirable Constitution, a été outragé; des citoyens se livrant aux douceurs et à la jouissance inefable de l'hospitalité sont assaillis et, pour repousser cette entreprise abominable, ils sont sur le point d'être égorgés. Une citoyenne, qui, par la faiblesse de son sexe, devoit désarmer ces furieux, a été mal-traitée; et certes, que ne doit-on pas attendre des hommes qui ont franchi les redoutes les plus formidables et les plus imposantes ? En effet, dès l'instant que je vois les sociétés populaires, ces sentinelles toujours avancées, poursuivies et troublées, on doit s'attendre à tous les crimes et aux plus grands désordres, que la loi du 25 juillet 1793[1]

---

1. Décret du 25 juillet 1793 portant des peines (cinq années de fers contre ceux qui empêcheraient les sociétés populaires de se réunir ou tenteraient de les dissoudre.

(vieux style) explique sa rigueur contre un pareil attentat.

A ce récit je vous vois pénétrés d'une juste indignation ; mais quels en seront les transports lorsque vous sçaurez qu'un de ces forcenés, après avoir cherché à obscurcir la majesté des Loix et avoir lancé mille et mille sarcarmes contre ce dépôt précieux de notre liberté, n'a pas craint d'invoquer et d'appeler à grands cris le tyran que nous abhorrons ! Pardonnez à ma fureur ; elle est l'impression de mon amour pour la Patrie et pour la Liberté. Tant de forfaits ne peuvent rester plus longtemps impunis. La qualification de la conduite atroce de Colas est désignée dans la loi du 9 avril 1793 [1] (s. esclave) ; la marche que nous avons à tenir nous est indiquée par le décret du 7 du même mois [2], et la peine qui attend ces amateurs de la royauté par la loi du 19 mars même année [3], etc.....

Et l'éloquent agent national conclut à ce qu'il fût pris les mesures les plus sévères et aussi « tous les moyens possibles pour obtenir des renseignements sur la trame et insurrection contre-révolutionnaires dont il est question. »

Colas, Frapet et Lapetite ne s'attendaient guère, en vidant quelques bouteilles, que ces libations allaient les élever au rang de conspirateurs. Mais le directoire ne badinait pas. Il vit dans les faits un de ces attentats « dont la Con-

1. Décret du 9-10 avril 1793 relatif au jugement des prévenus de provocation au rétablissement de la royauté ou d'émeutes contre-révolutionnaires.
2. Décret du 7 avril 1793 relatif au jugement des prévenus d'avoir pris part aux révoltes ou émeutes contre-révolutionnaires.
3. Décret du 19-20 mars concernant la punition de ceux qui sont ou seront prévenus d'avoir pris part à des émeutes contre-révolutionnaires qui ont eu ou auraient lieu à l'époque du recrutement.

vention avait réservé la connaissance exclusive au tribunal révolutionnaire, » et il renvoya directement les prévenus devant ce tribunal. Quelques jours après, il s'aperçut qu'il n'en avait pas le droit. Un de ses membres écrivit aussitôt à l'accusateur public pour lui demander « la marche à suivre. » Ce fut très simple. Fouquier-Tinville envoya des mandats d'arrêt, et le départ des trois conspirateurs fut décidé. Heureusement, Lapetite et Frapet avaient pris la fièvre à la prison, et cette maladie fort opportune, constatée par certificat des officiers de santé Pinot et Fillion, retarda leur transfèrement.

Cependant, la Société populaire d'Issy-la-Montagne, alors présidée par Lazare Ledey, s'impatientait. Elle n'avait pas de raisons pour se montrer favorable aux prévenus, qu'elle ne comptait pas au nombre de ses membres et qui étaient venus la troubler jusque dans son « azyle sacré; » mais l'administration de Bellevue-les-Bains les poursuivait avec rigueur, et c'en était assez pour qu'elle prit hautement leur parti. Colas d'ailleurs avait fait ses preuves et manifesté depuis longtemps les vertus d'un excellent sansculotte. Le 22 juin, la Société populaire, s'étonnant de voir se prolonger la détention des prévenus, « sans qu'on se soit occupé ny de les interroger ny de les juger, » réclama une prompte solution et députa les nommés Lazare Duperrier et Jean Sauvaget pour leur servir de défenseurs officieux. Mais leur meilleur avocat était la fièvre qui ne les quittait pas. Trois semaines se passèrent, et le 9 thermidor (27 juillet) arriva. Colas, Lapetite et Frapet partirent deux jours après. Il leur en fallut quatorze pour gagner Paris de brigade en brigade, et ce fut seulement le 12 août qu'ils furent écroués à la prison Égalité[1], où ils attendirent pendant plus de six semaines le dénouement de leur procès.

II

Si la Société populaire d'Issy-la-Montagne, gênée par ces ivrognes, ne réussit pas à libeller une adresse à l'occasion de l'attentat imaginaire de Cécile Renaud, la Convention en reçut assez d'autres pour que l'omission ne fût pas remarquée. A peine les dernières de ces adresses étaient-elles parvenues et insérées au *Bulletin* que la tête de Robespierre tombait à son tour sous le couperet. Et alors les mêmes patriotes, ceux d'Autun, ceux de Chalon, ceux de Bellevue-les-Bains, de Jou-

---

1. Cette prison était établie dans les bâtiments de l'ancien collège du Plessis-Sorbonne sis rue Saint-Jacques et voisins du collège Louis-le-Grand. Elle recevait le trop-plein de la Conciergerie et spécialement les accusés des départements. Pendant la Terreur, le nombre des prisonniers était tel « qu'on fut obligé de percer les murs qui touchaient à l'ancien collège Louis-le-Grand, et ces deux édifices ne formèrent plus qu'une seule et même bastille. » *(Tableau des prisons de Paris sous le règne de Robespierre.)*

vence, de Belvédère, etc., retouchèrent leurs clichés. Cette fois, ils félicitèrent la Convention « du courage et de l'énergie qu'elle a montrés dans les journées du 9 et 10 thermidor en faisant périr par le glaive de la loi les triumvirs et leurs complices. » La Société populaire de Chalon ne se contenta même pas d'une adresse ; elle envoya sur-le-champ des députés, qui furent admis le 16 thermidor à la barre de la Convention et se firent les interprètes « des sentiments d'horreur et d'indignation dont ils ont été unanimement saisis en apprenant l'horrible conspiration du tyran et de ses complices[1]. » Quoi qu'il arrivât, ces patriotes applaudissaient toujours. Jamais despote n'avait trouvé de courtisans plus dociles.

En cette circonstance, le club des Jacobins de Paris reçut, lui aussi, de nombreuses adresses des Sociétés populaires. Tous ces morceaux d'éloquence, insérés pieusement dans le *Journal de la Montagne*, organe attitré du club, paraissent coulés dans le même moule. La rhétorique vengeresse s'acharne à son tour sur l'exécrable rhéteur. C'est un déchaînement de métaphores, une explosion d'invectives d'autant plus furieuses que celui qui en est l'objet n'est plus à craindre. On trépigne sur son cadavre, alors que, vivant, on l'adorait à plat ventre ; on l'identifie avec tous les tyrans connus, on l'assimile aux fauves

---

[1]. *Monit. univ.* du 17 thermidor an II, t. XXI, p. 387.

et aux anthropophages. Le « Cromwell français, » le « Catilina moderne » est « un tigre altéré de sang, un ultra-cannibale, un monstre qui brûlait d'anéantir la liberté en se baignant dans le sang des plus purs patriotes. » Les réminiscences classiques se pressent pêle-mêle sous la plume des rédacteurs. Catilina ne leur suffit plus comme type de comparaison. Le tribun tombé est à la fois « proscripteur comme Sylla, atroce comme Marius, barbare comme Octave, cruel comme Néron. » Verrès n'est pas oublié non plus. Et comme si l'énumération n'était pas assez significative, on évoque encore le souvenir de Tarquin et l'ombre de Manlius « aspirant à la royauté proscrite[1]. » Jamais on n'avait fait une pareille consommation d'anciens. Il en restait pourtant en réserve, car, si Robespierre l'avait emporté sur la Convention, les mêmes Jacobins auraient cherché d'autres noms dans les répertoires historiques, et cette fois Périclès, Aristide ou Cincinnatus auraient fait les frais de leurs qualifications.

Toutes ces manifestations n'étaient pas absolument spontanées. Les Jacobins de Paris avaient donné le mot d'ordre. Une catastrophe si soudaine appelait des explications. Le 13 thermidor, trois jours après l'exécution de Robespierre et de ses complices, un membre du club proposa d'envoyer aux sociétés affiliées une adresse qui

---

1. *Journal de la Montagne*, t. III, p. 841, 871, 879, 902, 906, 976.

les renseignerait et « dans laquelle on reconnaîtrait la faute qui a été faite d'idolâtrer un homme[1]. » C'était Claude Royer[2], cet ancien curé constitutionnel de Chalon-sur-Saône, qui était venu à Paris comme député des assemblées primaires de Saône-et-Loire à la fête du 10 août 1793, et qui avait été chargé de haranguer la Convention, au moment où des commissaires apportaient à l'assemblée « le faisceau de l'indivisibilité et l'arche constitutionnelle[3]. » Son zèle jacobin avait été fort apprécié, et, six semaines après, il était nommé substitut de Fouquier-Tinville. On ne pouvait être à meilleure école. S'il accepta sans sourciller l'événement du 9 thermidor, Royer n'en fut pas moins acharné contre les aristocrates. La Société, ravie de son attitude, lui

1. *Monit. univ.* du 25 thermidor an II, t. XXI, p. 450.
2. Claude Royer, né vers 1762, nommé d'abord vicaire à Simandre, où il ne fit que passer, puis, le 1ᵉʳ novembre 1788, vicaire de Saint-Vincent de Chalon, prêta serment et fut élu, vers le 20 mai 1791, curé de cette dernière paroisse en remplacement de l'abbé Nicolas Gros. Il renonça plus tard à la prêtrise et se maria. Envoyé par les assemblées primaires à la fête du 10 août 1793, il fut nommé, le 26 septembre, substitut de l'accusateur public près le tribunal révolutionnaire. La Convention le maintint dans ces fonctions après le décret du 22 prairial an II (10 juin 1794), qui supprimait toute garantie et attribuait aux Comités de sûreté générale et de salut public le droit de traduire directement les accusés. Quand le personnel du tribunal fut renouvelé par décret du 2 janvier 1795, Royer ne fut pas renommé et regagna Chalon. Le 8 mai suivant, il fut porté en tête de la liste des terroristes à désarmer. On l'incarcéra; mais, par arrêté du 13 octobre, l'administration départementale ordonna qu'il serait mis en liberté et réarmé. Il s'établit ensuite agent d'affaires à Paris, où il mourut vers 1810.
3. *Monit. univ.* du 13 août 1793, t. XVII, p. 374.

confia la rédaction de l'adresse, et, après en avoir pris connaissance à la séance du 18 thermidor, elle en vota l'impression et l'envoi. [1]

Frères et amis, y lit-on, de grands événements se sont passés dans Paris depuis quelques jours; une grande révolution s'est opérée; le tyran n'est plus, la patrie respire, la liberté triomphe.....

Et après avoir stigmatisé « les scélérats qui ont tenté de flétrir, en profanant par le crime et la révolte, cette enceinte sacrée où le premier cri de la liberté se fit entendre, » après avoir voué à l'exécration « les brigands qui s'étoient emparés de l'asyle de la liberté pour y établir un foyer de rébellion contre l'autorité nationale, » le rédacteur exprime la pensée que « cet événement mémorable est une grande leçon pour les peuples qui aspirent à la liberté, » et souhaite qu'il leur « rappelle à jamais l'horreur de la domination et les dangers de l'idolâtrie. »

Mais il serait trop long de formuler toutes les réflexions qu'il suggère :

Qu'il nous suffise de vous dire en ce moment qu'il faut vous prémunir contre les tentatives de l'aristocratie et du modérantisme. Après une aussi longue compression, il faut s'attendre à une réaction puissante et proportionnée aux malheurs que nous avons eu à déplorer; il faut donner à la sensibilité tout ce que l'humanité commande; mais il faut arrêter cette sensibilité là où la malveillance voudroit s'en saisir comme d'une arme contre

[1]. De l'imprimerie de G.-F. Galletti, aux Jacobins Honoré.

la liberté publique. La Convention nationale a renversé le tyran et la tyrannie, mais elle n'a point oublié que les ennemis de la liberté respirent encore. Ce n'est point pour eux qu'elle a opéré cette étonnante révolution...... »

La Société populaire d'Issy-la-Montagne ne pouvait demeurer indifférente. Au reçu de ce document, elle s'empressa d'envoyer elle-même à la Convention une adresse, dont il ne reste que la mention à la date du 30 thermidor[1]. Elle écrivit en même temps aux Jacobins de Paris, et, commentant la conclusion de leur adresse, elle s'exprima nettement sur l'élargissement des aristocrates. Carion était un de ses secrétaires, et ce fut lui certainement qui rédigea le morceau suivant :[2]

Frères et amis, vous nous invitez de surveiller et de dénoncer les ennemis du bien public ; nous nous occupons sans cesse de cette tâche importante, mais nous voyons avec douleur que l'aristocratie trouve des appuis et des protecteurs par-tout. Les vrais patriotes sont réduits au silence... On ne parle plus que de rendre la liberté aux détenus et de les dédommager du traitement juste qu'ils éprouvent et qui est si salutaire à la patrie. Malheur au troupeau, si jamais les loups rentrent dans son sein !

Si nous en jugeons par ceux qui sont détenus par notre département, il n'y en a pas un seul qui doive être mis en liberté, car ils sont tous infectés du despotisme, de l'aristocratie et du fanatisme, et tel qui est entré dans

---

1. *Bulletin de la Convention nationale*, séance du 30 thermidor an II.
2. De l'Imprimerie de G.-F. Galletti, aux Jacobins Honoré.

les maisons de détention avec une tache d'incivisme en sortira tout à fait corrompu et portera la contagion dans tous les lieux où il passera.

Frères et amis, nous devons ce témoignage à la vérité que, loin d'avoir incarcéré des patriotes, on est encore bien loin d'avoir fait enfermer tous les aristocrates qui devroient l'être (tel que celui que nous vous avons dénoncé par notre lettre du 22 prairial) et que si la Convention nationale veut mériter de plus en plus les bénédictions du peuple et assurer sa liberté et son bonheur, ce sera bien plutôt en les faisant incarcérer qu'en relâchant les détenus.

Frères et amis, c'est à l'aristocratie à expier les fautes des patriotes, car c'est elle qui en est la cause. Loin de la traiter avec ménagement, dans les circonstances actuelles il faut sévir contre elle avec plus de rigueur et de dureté.

Nous avons applaudi à la mort du tyran Robespierre et de ses complices, mais nous sommes bien loin d'applaudir à la funeste indulgence que l'aristocratie semble se promettre de cet événement; et la Convention nationale, qui a frappé de mort ceux qui avoient osé méconnoître l'autorité souveraine du peuple et qui vouloient le tyranniser, n'épargnera pas sans doute les ennemis nés et implacables de la république, de la liberté et de l'égalité.....

Si nous réchauffons dans notre sein la couleuvre engourdie de l'aristocratie, pour le prix de notre pitié nous en recevrons la mort et nous l'aurons bien méritée.

Le Comité de sûreté générale n'a point fait encore usage de la dénonciation que nous lui avons envoyée le 22 prairial contre le nommé Demontchanain de Champoux, ci-devant *seigneur* et trésorier de France, et qui aristocratise tout notre canton. Nous vous prions de rappeler le souvenir de cette dénonciation au comité; quand elle aura eu le succès que nous en attendons, nous vous dénoncerons d'autres ennemis du bien public; il faut les attaquer les uns après les autres.

Salut et fraternité.

Le comité de correspondance de la Société populaire d'Issy-la-Montagne.

Signé : Byon, président, Alexandre, Cairon, Biron cadet, secrétaires.[1]

L'impression qui se dégage de cette adresse, c'est qu'on n'était pas content à Issy-la-Montagne. La Société populaire ne pensait ni à Cromwell ni à Catilina, dont les noms ne lui rappelaient peut-être pas grand'chose, et, si elle applaudissait « à la mort du tyran, » c'était du bout des doigts et par esprit de discipline. Peut-être Carion se souvenait-il que Robespierre avait plaidé sa cause devant l'Assemblée nationale et concouru à lui ouvrir les portes du Châtelet. En tous cas, la tragédie du 9 thermidor ne l'avait pas ramené plus que ses amis aux idées de justice et d'humanité. Ces patriotes ne soupçonnaient nullement que la Terreur allait prendre fin avec celui qui la personnifiait. L'exécution de Robespierre était pour eux un simple incident politique qui ne changeait rien au système, et, tandis que des cris de joie s'élevaient ailleurs, ils réclamaient avec plus d'âpreté que jamais l'incarcération et la

---

1. Les noms des signataires sont évidemment altérés. Il faut lire Bijon et Carion.

mort de ceux de leurs concitoyens qu'ils regardaient comme les ennemis de la république.

Bien du sang avait été pourtant versé. Si Carion jetait un regard en arrière, il pouvait compter les têtes connues qu'il avait vues tomber. En huit mois, l'échafaud avait pris la plupart des hommes qui avaient été, à des titres divers, mêlés à son procès de lèse-nation. Exécuté, Jean-Baptiste Lambert, le notaire dont il avait invoqué les conseils devant le bailliage d'Autun ; exécuté, Damien, l'huissier qui l'avait fait écrouer ; exécuté, Boucher d'Argis, le lieutenant particulier qui présidait la chambre du Châtelet ; exécuté, Merle, le rapporteur de l'affaire aux Jacobins et à l'Assemblée nationale ; exécuté, du Port du Tertre, le ministre avec qui Merle avait concerté le prochain jugement de l'accusé ; exécuté, Barnave, qui avait appuyé la motion de Robespierre et soutenu la cause de Carion. C'étaient à peine quelques gouttes dans les flots de sang qui avaient inondé la France. Et pourtant les terroristes ne désarmaient pas. La Société populaire d'Issy-la-Montagne n'était pas seule à nourrir ces sentiments haineux. Quelques semaines après, celle d'Autun observait avec amertume que « depuis la chute de Robespierre, l'aristocratie s'agite et cherche à opprimer le patriotisme... Il n'entrera jamais dans vos cœurs, ajoutait-elle, d'amortir le mouvement révolutionnaire, de le faire rétrograder, de hasarder le fruit de six années de travaux.¹ » Et de même la Société de Chalon-sur-Saône invitait la Convention « à s'armer de toute sa sévérité et à continuer à punir les traitres². » C'était partout un appel à la violence, une provocation au maintien du régime auquel les vainqueurs du 9 thermidor avaient si longtemps participé.

CHAPITRE III

La queue de Robespierre.

I

L'adresse de la Société populaire d'Issy-la-Magne était bien dans la note jacobine. Elle arrivait d'ailleurs tout à fait à point. La révolution de thermidor avait frappé de stupeur les Amis de la liberté et de l'égalité³. A la séance du 11 fructidor (28 août), quelques-uns d'entre eux les supplièrent de secouer cette fâcheuse impression et « de reprendre leur ancienne énergie

---

1. *Bulletin de la Convention nationale*, séance du 3ᵉ sans-culottide de l'an II (10 septembre 1794).
2. *Ibid.*, séance du 30 fructidor (15 septembre).
3. Ainsi s'appelaient les Jacobins depuis le 21 septembre 1792.

révolutionnaire. » Il fallait réduire à tout prix le modérantisme et l'aristocratie, qui « relevaient la tête, » ainsi que chaque orateur le constatait tristement. Des adresses venues des départements rendirent un peu de courage à la Société. « Montagne ! lui criaient les Marseillais, Montagne ! épure-toi, tonne, frappe, écrase, et la République est sauvée ! »

Le 13, un vote de la Convention, qui repoussait les accusations dirigées contre divers membres des comités révolutionnaires, ranima encore les espérances des Jacobins. Le soir même, il fut donné lecture, au club présidé par Delmas [1], de la lettre d'Issy-la-Montagne.

Un débat s'engagea à ce sujet; mais il fut circonscrit entre deux peintres et un architecte-ingénieur, que les passions politiques avaient détournés de leurs pacifiques études [2]. Gautherot [3], élève et ami de David, épris comme lui des idées les plus révolutionnaires, demanda que la lettre d'Issy-la-Montagne fût affichée dans Paris, imprimée et envoyée à toutes les sociétés populaires

---

1. Jean-François-Bertrand Delmas, né en 1751, élu député de la Haute-Garonne en 1791 à l'Assemblée législative, et en 1792 à la Convention. Il passa en 1795 au Conseil des Anciens, dont il devint président. Il mourut fou en 1798.

2. *Mercure universel*, t. 43, p. 247. — *Mon. univ.*, t. XXI, p. 652.

3. Claude Gautherot, né en 1769, étudia la peinture sous David et se mêla au mouvement politique. Lors de l'insurrection du 1ᵉʳ prairial an III (20 mai 1795), il fut blessé en défendant la Convention. On remarqua beaucoup, au Salon de 1796, son tableau de *Marius à Minturnes*. Des épisodes des campagnes de l'empire, des traits de la vie de saint Louis furent également traités par lui. Il mourut en 1825.

de France. D'autres appuyèrent cette proposition. Dufourny[1], ingénieur en chef de la ville de Paris, en discuta l'opportunité et réclama simplement l'insertion au *Journal de la Montagne*. La Terreur avait modéré son zèle, sans altérer ses convictions. Robespierre, qui le trouvait trop indépendant, l'avait fait exclure des Jacobins le 5 avril précédent et arrêter peu de jours après. Le 9 thermidor avait sauvé Dufourny; mais il avait gardé un fort mauvais souvenir de la prison des Carmes et ne se souciait pas que la Société fit étalage de ses doctrines violentes.

L'avis de Caraffe[2] fut tout autre. Ce peintre avait, comme Gautherot, fréquenté David et partagé ses entraînements politiques. Les sujets que traitait son crayon ou son pinceau étaient autant de manifestations républicaines. Au salon qui

1. Louis-Pierre Dufourny de Villiers, né en 1739, ingénieur en chef de la ville de Paris, fut chargé après la prise de la Bastille d'en visiter les souterrains et de rechercher s'ils ne recélaient pas des cachots ignorés. Électeur en 1791 de la section des Thermes-de-Julien, il fit partie en 1792 de l'administration du département de Paris, qu'il présida en 1793. Arrêté avant le 9 thermidor, il fut élargi; mais, le 21 novembre suivant, Cambon l'accusa d'avoir pris part aux massacres de septembre, et il fut arrêté de nouveau. Il bénéficia de l'amnistie du 26 octobre 1795 et mourut peu de temps après.

2. Armand-Charles Caraffe, né en 1762, peintre et graveur, élève de Lagrenée, revint d'Italie au début de la Révolution et en adopta les principes. Son attitude après le 9 thermidor attira sur lui l'attention du Comité de sûreté générale. Arrêté le 20 novembre 1794, il fut détenu jusqu'à l'insurrection du 10 octobre 1795 (13 vendémiaire an IV) et prit les armes ce jour-là pour la Convention. Après plusieurs voyages il se fixa en Russie et fut attaché comme peintre d'histoire au musée de l'Ermitage. Il rentra en 1812 et mourut quelques mois après.

venait de s'ouvrir au Louvre, il avait exposé les dessins suivants : *le Cercle de Popilius, Agis rétablissant à Sparte les lois de Lycurgue, Agésilas condamné à mort pour s'être opposé au rétablissement de ces lois.* Quelques mois auparavant, il avait conçu et gravé une composition dont il suffit de citer le titre. C'était *le Thermomètre du Sans-Culotte,* avec cette légende : « La France, caractérisée par un lis et par les attributs du Gouvernement démocratique, dissipe les ténèbres et présente à l'univers la Vérité et la Nature, qui montrent aux hommes leurs droits; les despotes, semblables aux oiseaux de la nuit, fuient à l'aspect de sa lumière. » Il est inutile d'ajouter que Caraffe était un des membres les plus assidus et les plus fougueux du club des Jacobins. La lettre d'Issy-la-Montagne ne pouvait manquer de lui plaire. Il déclara « qu'elle était bien l'expression des principes révolutionnaires à l'ordre du jour, » et demanda qu'elle fût placardée à profusion. Ce n'était point que la réaction l'inquiétât :

— Si l'on fait attention, dit-il, au rire sardonique que l'on voit sur les lèvres des intrigants et des aristocrates, on s'aperçoit facilement que l'aristocratie lutte en ce moment contre le patriotisme. Elle voudrait élever à la place des tyrans abattus de nouvelles idoles; mais leurs pieds sont d'argile, et elles tomberont comme les premières...

Ce peintre aimait les images, car déjà, le 3 fructidor, il avait comparé les aristocrates « à des roseaux qui, après un orage sous la violence duquel le chêne orgueilleux a succombé, relèvent leurs têtes bourbeuses pour insulter au chêne abattu [1]. » Ses métaphores ne convainquirent pourtant pas la Société, et elle renvoya à une autre séance la décision de la question. Le lendemain matin, une explosion formidable jetait l'effroi dans Paris : c'était la poudrière de Grenelle qui sautait. La catastrophe fut aussitôt exploitée par les partis. Les Jacobins accusèrent les aristocrates, et ceux-ci les payèrent de réciprocité. Dans la séance du 15 fructidor, l'adresse d'Issy-la-Montagne revint à l'ordre du jour. On voulut l'entendre à nouveau, et cette fois elle rallia tous les suffrages.

Un membre, — porte le procès-verbal, — fait une seconde lecture de l'adresse de la Société d'Issy-la-Montagne déjà lue dans la séance précédente et dans laquelle les patriotes de cette société se plaignent fortement de l'élargissement des aristocrates. La Société l'accueille par des applaudissements unanimes ; elle en arrête l'impression et l'envoi aux sociétés affiliées, ainsi que l'affiche dans tout Paris. [2]

Les signataires n'avaient pas prévu, sans doute, un pareil succès. Il fallait que les Jacobins eussent bien peur, au fond, pour se raccrocher

---

[1]. *Mon. univ.* du 7 fructidor an II, t. XXI, p. 338.
[2]. *Mercure universel*, t. 43, p. 277. — *Journal de la Montagne*, n° 126, t. III, p. 1030. — *Mon. univ.*, t. XXI, p. 660.

ainsi aux sentiments exprimés par ces politiques de village. L'élargissement des détenus les navrait :

— Si Pitt et Cobourg étaient en prison, disait l'un, je crois que les contre-révolutionnaires se réuniraient pour les faire mettre en liberté. On ne peut se dissimuler qu'il existe un système affreux qui tend à persécuter le patriotisme et à rendre la liberté à l'aristocratie.....

Un autre s'indignait :

— Quoi! s'écriait-il, les aristocrates osent se présenter aujourd'hui sous le voile du patriotisme, se dire les victimes de Robespierre et amis du peuple! D'où leur vient tant d'audace et d'effronterie!.... Le peuple écrasera de sa massue cette horde de pygmées.....

Et chacune de ces phrases était interrompue « par les élans sublimes du plus ardent enthousiasme. »

La conclusion de la délibération est tout entière dans un mot de l'ex-oratorien Fouché : « Toute pensée d'indulgence et de modérantisme est une pensée contre-révolutionnaire. »

Le surlendemain, le *Journal de la Montagne* publia, sous la rubrique : *Esprit public*, le texte entier de l'adresse d'Issy[1]. Des menaces formulées en un langage sibyllin s'échappaient en même temps du club de la rue Saint-Honoré. « Le fœtus

---

1. N° 127, t. III, p. 1040.

de la liberté, déclamait Delmas, a pris ici sa première formation ; l'accouchement pourra être laborieux mais il produira la liberté. Les Jacobins écraseront tout ce qui lui résistera. Oui, la Montagne déroulera sur le Marais... ¹ » La prophétie ne se réalisa pas, et ce fut le Marais qui enliza la Montagne. Un premier coup fut porté aux Jacobins par le décret du 25 vendémiaire an III (16 octobre 1794) qui défendait « toutes affiliations, fédérations, ainsi que toutes correspondances en nom collectif entre sociétés populaires. » C'était la fin de cette terrible organisation. Les Jacobins continuèrent à feindre une sécurité qui n'était pas dans leurs cœurs. Billaud-Varennes trouva même, pour l'exprimer, une parabole dont le sens était assez clair : « On accuse les patriotes de garder le silence, dit-il le 3 novembre ; mais le lion n'est pas mort quand il sommeille, et, à son réveil, il extermine tous ses ennemis. ² »

Ces forfanteries ne servirent qu'à précipiter la dissolution du club. Le 11 novembre, la Convention fit fermer la salle des séances. Le lion, traqué dans son antre, décampa l'oreille basse, sans exterminer personne. A peine l'événement s'était-il accompli qu'une pluie d'adresses s'abattit sur l'Assemblée pour la féliciter « du courage qu'elle déployait contre les continuateurs de Robes-

---

1. *Mon. univ.* du 26 septembre 1794, t. XXII, p. 41.
2. *Ibid.*, t. XXII, p. 431.

pierre » et l'inviter à ne plus souffrir que les Sociétés populaires empiétassent sur le gouvernement. « Assez et trop longtemps, — portait l'adresse des patriotes chalonnais, dont Roberjot donna lecture à la séance du 11 décembre, — assez et trop longtemps le royalisme, le modérantisme, l'hypocrisie, l'immoralité et la tyrannie ont eu dans la Société des Jacobins alternativement des idoles, des autels et des adorateurs; il était temps de dessiller les yeux des bons citoyens qui étaient la dupe des meneurs et des jongleurs qui la dominaient. »[1]

Déjà la Société populaire d'Autun n'était plus; la journée du 14 octobre l'avait vue tenir sa dernière séance. Le représentant Boisset[2], en mission dans le département de Saône-et-Loire « pour le triomphe de la république et l'affermissement du gouvernement révolutionnaire[3], » avait

---

1. *Monit. univ.* du 7 novembre 1794, t. XXII, p. 436.
2. Joseph de Boisset, né le 7 octobre 1748, élu le 8 septembre 1792 député de la Drôme à la Convention, remplit plusieurs missions dans les départements. Il fut élu, le 15 octobre 1795, membre du Conseil des Cinq-Cents, et, le 17 avril 1798, membre du Conseil des Anciens. Il n'était pas sanguinaire; mais son naturel peureux l'entraîna à se rendre complice des pires excès. C'est lui qui écrivait de Marcigny (Saône-et-Loire) : « J'y ai depuis un mois pris des mesures pour éteindre le fanatisme. Je puis assurer la Convention qu'une chasse donnée à quelques prêtres réfractaires dans les bois qui en dépendent et l'arrestation de quelques fanatiques ont écrasé le petit repaire vendéen... (*Mon. univ.*, t. XXII, p. 681). Il fut nommé, le 8 septembre 1801, inspecteur des poids et mesures à Montélimart, et, le 14 avril 1812, conseiller de préfecture à Lyon, où il mourut le 15 septembre suivant.
3. *Mon. univ.*, t. XXII, p. 226.

constaté que cette société était un foyer de
« haines allumées au flambeau de la Discorde et
alimentées du feu des passions, » et, « aux applaudissements du peuple, » il l'avait suspendue pour
« former un noyau épurateur¹. » La chapelle du
Collège rentra ainsi dans le silence. Neuf mois
après, un arrêté du directoire d'Autun en date du
12 juillet 1795 prescrivit l'enlèvement de l'inscrip-
tion : *Société populaire* qui continuait à s'étaler
au-dessus du portail. Un autre arrêté du 8 octobre
ordonna la vente du mobilier de la Société resté
dans la chapelle. Les tribunes ne disparurent
qu'en 1801.

II

Le 13 octobre 1794, la veille même du jour où
Boisset supprimait le club autunois, le nom
d'Issy-la-Montagne retentissait au tribunal révolutionnaire, comme naguère celui d'Issy-l'Évêque
au Châtelet. L'affaire de Colas, Lapetite et
Frapet recevait enfin jugement. Plus de cinq
semaines s'étaient écoulées depuis leur incarcération, quand, le 20 septembre, il fut procédé à
leur interrogatoire. Le juge commis à cet effet,
le citoyen Jean Ardouin, n'en tira pas grand'-

1. Voir aux Appendices (VIII) la lettre de Boisset, lue à la Convention le 10 brumaire an III (2 novembre 1794).

chose. « Ne se rappelle pas, — dit Colas, — ce qu'il a fait, parce qu'il était, ainsi que ses camarades, dans la plus profonde ivresse. » Et comme le juge l'invitait à s'expliquer sur le cri séditieux qui avait glacé d'horreur l'agent national de Bellevue-les-Bains, « a répondu qu'il ne se rappelle pas et que cela est contraire à ses principes. » Ardouin n'obtint rien de plus des deux autres. Le 2 octobre, l'accusateur public Leblois[1] dressa l'acte d'accusation et, sur ses conclusions, un jugement signé Dobsent, président[2], Leriget[3], Denizot[4] et Ant. Perrin[5], déclara le même jour les prévenus en état d'accusation.

1. Joseph-Michel Leblois était accusateur public près le tribunal criminel des Deux-Sèvres, quand il fut choisi, le 10 août 1794, pour remplacer Fouquier-Tinville. Il exerça ces dernières fonctions jusqu'au 2 janvier 1795, date du renouvellement du tribunal révolutionnaire. Il reprit son premier poste et devint en 1804 procureur impérial près la cour de justice criminelle des Deux-Sèvres, puis en 1811 substitut du procureur général près la cour de Poitiers. Il se retira en 1814.

2. Claude-Emmanuel Dobsent était en 1792 président du sixième tribunal criminel provisoire de Paris. Nommé le 3 août 1793 juge au tribunal révolutionnaire et confirmé dans ces fonctions le 28 septembre, il présida, entre autres affaires, celle de Gouttes, évêque constitutionnel d'Autun (26 mars 1794) et fit preuve en cette circonstance d'une extrême partialité. On le trouva cependant trop modéré, et, lors de la réorganisation du tribunal, le 10 juin suivant (22 prairial an II), il n'y fut pas renommé. Après la chute de Robespierre, il y rentra, le 11 août, comme président et remplit ces fonctions jusqu'au renouvellement des membres du tribunal au 2 janvier 1795.

3. Dominique Leriget, de la Charente-Inférieure, déjà juge au tribunal révolutionnaire, en avait été nommé vice-président le 10 août 1794.

4. François-Joseph Denizot, juge au tribunal du cinquième arrondissement, nommé, le 28 septembre 1793, juge au tribunal révolutionnaire.

5. Antoine Perrin, commissaire national près le tribunal du district de Marseille.

L'affaire fut portée à l'audience du 13 octobre (22 vendémiaire an III). Les événements avaient modifié le personnel et l'esprit du tribunal révolutionnaire. Les condamnations à mort pour simples délits de parole ou d'opinion étaient encore assez nombreuses, puisqu'on en compte trente-trois du 18 août, date de l'installation des nouveaux juges, jusqu'au 13 octobre; mais les jurés, à la différence de leurs prédécesseurs, ne s'en tenaient pas uniquement aux faits et devaient se prononcer « sur la question intentionnelle. » Les acquittements étaient très fréquents, et, en deux mois, le nombre des détenus, qui s'élevait, le 9 thermidor, à huit mille cinq cents, s'était abaissé à quatre mille quatre cents. Le nom du magistrat qui devait présider l'affaire Colas n'éveillait pourtant aucune idée d'indulgence. Deliège[1] appartenait depuis quatorze mois au tribunal révolutionnaire et avait coopéré à ses plus sanglantes hécatombes. Le 9 thermidor, il siégeait à côté du président Dumas, quand celui-ci fut arrêté au milieu de l'audience. Le premier

---

1. Gabriel Deliège, né en 1743, officier municipal à Sainte-Menehould, avait été élu, le 2 septembre 1791, député de la Marne à l'Assemblée législative. Il fut ensuite président du tribunal de Sainte-Menehould. Élu le 17 août 1793 juge au tribunal révolutionnaire, il fut réélu lors de la réorganisation du 10 juin 1794 et passa vice-président le 28 juillet (10 thermidor) en remplacement de Coffinhal guillotiné. Il remplit ces fonctions jusqu'au renouvellement du tribunal au 2 janvier 1795. Impliqué dans le procès dirigé contre Fouquier-Tinville et vingt-trois juges ou jurés du tribunal, il fut acquitté le 6 mai 1795. Il se retira ensuite à Sainte-Menehould, où il reprit ses fonctions judiciaires, et y mourut le 11 janvier 1807.

moment de trouble passé, les débats continuèrent ; les vingt-cinq accusés qui se pressaient sur les bancs furent, à l'exception d'un seul, condamnés à mort, et ce furent eux qui, menés immédiatement au supplice, remplirent les dernières charrettes. Le lendemain, Deliège vit traîner à la même barre Robespierre et ses complices, Dumas entre autres, et il constata leur identité avec la même sérénité que s'il se fût agi d'aristocrates.

Les deux juges qui l'assistaient le 13 octobre étaient Jean Ardouin, qui avait procédé au premier interrogatoire, et Pierre Bidault, président du tribunal du district de Sancoins (Cher). Les débats furent menés correctement. Treize témoins avaient été cités, entre autres Antoine Compin, président du directoire de Bellevue-les-Bains, Claude-Gilbert de Montchanin, maire d'Issy-la-Montagne, et Toussaint Aubry, agent national de cette commune [1]. Tous certifièrent que les prétendus conspirateurs étaient parfaitement ivres. Mais le tribunal n'admettait pas toujours cette explication. Le président aurait pu répéter aux accusés ce qui avait été dit un mois auparavant à un officier traduit pour avoir crié : « Vive le roi, la gamelle et les pois ! » Comme ce dernier excipait de son ébriété, « à lui représenté que si véritablement il est un patriote, la circonstance de l'ivresse ne peut l'avoir porté à exhaler un

---

[1]. Beau-frère de Carion et apparenté aux Montchanin.

sentiment qui n'était pas dans son cœur; que l'ivresse à la vérité échauffe le sang à un point excessif qui ôte la raison; mais que l'homme dont le sang est patriote, dans l'ivresse même, ne tiendra pas des propos aristocrates, parce que ce sentiment ne peut naturellement naître dans une âme imbue de patriotisme. » [1]

Mais Deliège ne fut peut-être pas aussi pédant. L'accusateur public [2], sans contester l'ivresse, se borna à demander si c'était une excuse légitime. Il insista néanmoins sur la culpabilité de Colas, « parce que les circonstances ne l'ont pas montré comme entièrement privé de discernement, et qu'il a crié : Vive le roi! »

La défense fut présentée par le citoyen Duchâteau, nommé d'office à l'audience. Si la cause des accusés avait été très mauvaise, ce n'est pas ce singulier avocat qui l'eût améliorée. Duchâteau avait eu quelques clients de marque, Dietrich, l'ancien maire de Strasbourg, plusieurs accusés de l'affaire Chaumette, Gouttes, évêque d'Autun. Quand il prit la parole en faveur de ce dernier, il déclara que ce n'était pas la peine de le défendre, l'accusé « ayant trop de moyens de se défendre lui-même. » Une autre fois, il avait refusé au dernier moment de plaider, ne pouvant,

1. Audience du 16 septembre 1794; Archives nationales, W 450, n° 111.
2. Jean-Bernard-Caprais Sembauzel, d'Agen, nommé le 10 août 1794 substitut de l'accusateur public. Il ne fut pas renommé le 2 janvier 1795.

disait-il, « défendre la cause d'un contre-révolutionnaire; » mais le tribunal, qui appréciait infiniment sa réserve et le commettait volontiers d'office, lui alloua néanmoins le tiers d'une grosse somme qu'il avait reçue à l'avance pour sa plaidoirie.[1]

L'histoire ne dit pas comment Duchâteau défendit Colas et ses complices. Six questions furent posées au jury[2], trois sur la réalité des faits, trois sur l'intention. La réponse, affirmative sur les trois premières, fut négative sur les trois autres. Le tribunal, en conséquence, écarta de la prévention Frapet, dont la complicité n'était pas très caractérisée, et, tout en constatant que Colas et Lapetite étaient convaincus d'être les auteurs ou complices des menaces, manœuvres et voies

---

1. *Mon. univ.* du 17 avril 1794, t. XX, p. 231.
2. Voici la composition de ce jury : N. Salmon, médecin à Lille. — N. Aubert, administrateur du Var, à Grasse. — Dominique Pérès, cultivateur à Bagnères, district de l'Adour. — Jacques Gras, rue Antoine, n° 251. — Claude-François-Charles Dubuisson, né à Vauvilliers (Haute-Saône) le 19 décembre 1750, mort le 8 mars 1829. Élu le 9 juin 1790 administrateur de la Haute-Saône, il était juge au tribunal de Jussey, quand il fut désigné comme juré. Au 23 germinal an VI (12 avril 1798), il entra au conseil des Anciens. — Pierre Beaufils, ex-administrateur de la Nièvre, à la Charité. — Pierre Bazaine, commis au bureau de la commission des finances. Plus tard, il publia divers ouvrages scientifiques, *Cours de géométrie pratique*, *Métrologie française*, etc. Son fils, élève de l'École polytechnique, fut ingénieur et travailla pendant plusieurs années en Crimée. Il eut lui-même deux fils, dont l'un fut le maréchal Bazaine. — Michel-François Vaillant, architecte du département de la Côte-d'Or. — Pierre-Barthélemy Labroux, rue Guénégaud, n° 22. — Jean-Jacques Poux, à Saint-Antonin (Aveyron). — Pierre-Félix Lecour, commis à l'administration du district d'Avranches. — François Raimbaut, administrateur de la Côte-d'Or.

de fait à eux reprochés, il déclara « qu'ils ne l'avoient pas fait dans des intentions criminelles et contre-révolutionnaires », et prononça leur acquittement.

Ainsi finit cette affaire, que le zèle républicain des administrateurs de Bellevue-les-Bains avait grossie démesurément et qui se réduisait à une scène de désordre provoquée par l'ivresse. Elle n'était pas d'ailleurs sensiblement plus ridicule que la plupart de celles dont le tribunal était saisi. Ne vit-on pas le lendemain comparaître à l'audience un perruquier dont le crime était « d'avoir insulté l'arbre de la Liberté ou la caisse qui l'entourait[1]? » Et le tribunal n'avait-il pas dû, quatre jours auparavant, examiner sérieusement le cas d'un ouvrier prévenu « d'avoir tenu des propos royalistes voilés sous le langage mystérieux et illuminé,[2] » et même celui d'une femme Pernette Crochet, accusée, celle-là, de propos » inciviques, » parce qu'elle avait appelé son chien Citoyen?[3]

Quelques semaines après, Carion, dont la situation politique était fort amoindrie, quitta Issy-la-Montagne et vint se fixer à Autun, son pays d'origine, où son frère Étienne, ardent jacobin comme lui, était officier municipal. Fidèle à la cause qu'il avait embrassée, il persistait dans

---

1. *Mon. univ.* du 23 octobre 1794, t. XXII, p. 285.
2. Archives nationales : *Tribunal révolutionnaire*, W 465, n° 225.
3. *Ibid.*, n° 223.

son attitude de terroriste. Les circonstances devenaient pourtant de jour en jour moins favorables. Une insurrection, dirigée le 12 germinal an III (1er avril 1795) contre la Convention et fomentée par les Jacobins, détermina l'Assemblée à prendre des mesures contre les hommes qui avaient joué un rôle militant au profit de la Terreur. Il fut décidé qu'on leur retirerait les armes qui leur avaient été distribuées dans les moments critiques et qu'ils avaient gardées sous prétexte de faire acte de bons patriotes. Le décret laissait aux administrations locales le soin de désigner les individus qui devaient être l'objet de cette disposition. Le conseil général du district d'Autun, réuni le 2 floréal (21 avril 1795), en porta vingt-deux sur sa liste. Il avait oublié Carion; mais la mémoire lui revint, et il prit, le 20 prairial (8 juin), un arrêté concernant l'ex-curé. La municipalité, chargée de l'exécution, nomma « pour commissaires à l'effet de procéder sur-le-champ au désarmement du citoyen Carion » les citoyens Claude-Sébastien Nuguet, officier municipal, et Jean Joly, notable, avec mission d'en dresser procès-verbal[1]. Cela se passa, sans doute, avec beaucoup de gravité; mais l'opération, pratiquée vis-à-vis d'un ecclésiastique défroqué, ne manquait pas néanmoins d'une certaine saveur comique.

Carion n'avait plus rien à faire, et l'occasion

---

1. Archives municipales d'Autun.

d'appliquer ses vastes conceptions politiques semblait à jamais perdue pour lui. La Convention, au terme de sa carrière, proscrivait les derniers Montagnards ; la faiblesse du Directoire, qui lui succéda, discréditait l'idée républicaine ; l'heure des réformes sociales était passée. Le zèle que Carion avait manifesté pour la cause populaire le desservait maintenant. Le 13 messidor an V (1ᵉʳ juillet 1797), il déclara « renoncer à l'incolat d'Autun pour aller fixer sa résidence à Paris. » Mais il n'abandonnait pas certains avantages pécuniaires. Un décret du 2-4 frimaire an II (22-24 novembre 1793) avait accordé aux ecclésiastiques qui auraient « abdiqué leur état ou fonctions de prêtrise » des secours annuels dont le montant variait avec l'âge des bénéficiaires et s'élevait à huit cents livres pour ceux âgés de moins de cinquante ans. En déposant ses lettres de prêtrise, Carion devenait pensionnaire de la république et cumulait ainsi les profits de l'état ecclésiastique avec les douceurs de la vie conjugale. Ce n'était pas très logique ; mais le fougueux réformateur, que les abus de l'ancien régime avaient si fort indigné, trouvait tout naturel de toucher sous forme de rente le prix de son apostasie.

Avant de quitter Autun, Carion prit soin, en conséquence, de faire transférer à Paris le paiement de ses arrérages. La municipalité enregistra, à la date du 26 thermidor an V (13 août 1797), une déclaration signée de lui et portant qu'il entendait « recevoir par la suite sa pension à Paris, lieu de son domicile actuel et être compris sur le tableau des pensionnaires ecclésiastiques de la section qu'il habite dans cette commune pour les échus de sa pension à compter du temps où il a cessé d'en recevoir le montant. » [1]

C'est la dernière fois que le nom de l'ancien curé d'Issy-l'Évêque figure dans les documents officiels. Le reste de sa vie importe peu. Il suffit d'énoncer qu'après un long séjour à Paris, il se retira à Issy-l'Évêque, dans son domaine de Champcery [2], y vécut obscurément et y mourut, réconcilié avec l'Église, le 14 mars 1833 [3]. Ses illusions avaient été lentes à se dissiper. La constitution qu'il avait minutieusement élaborée lui avait pourtant valu sept mois de détention, et, à une époque où la débâcle des forces sociales laissait impunies les plus audacieuses initiatives,

1. Archives municipales d'Autun.
2. Voir ci-dessus, 1ʳᵉ partie, chapitre Iᵉʳ, la notice de Courtépée sur ce domaine. La maison où se retira Carion avait été bâtie sur l'emplacement d'un château qui avait appartenu aux Ducrest et où était née, le 24 janvier 1746, Mᵐᵉ de Genlis (Stéphanie-F... cité Ducrest de Saint-Aubin). Le domaine, conservé longtemps par la famille Carion, appartient aujourd'hui à M. Sornet, propriétaire à Milly.
3. Extrait des registres de catholicité de la paroisse d'Issy-l'Évêque : « Cejourd'hui 15 mars 1833, M. Jean-François Carion, prêtre et propriétaire au bourg d'Issy-l'Évêque, décédé hier âgé de soixante-dix-neuf ans et muni des sacrements, a été inhumé avec les prières et selon le rit de l'Église, en présence de M. Lazare Renaud, desservant de Marly-sous-Issy, et de M. Joseph Martinot, maire d'Issy-l'Évêque, lesquels ont assisté à la cérémonie et se sont soussignés avec nous. (Signé) Dulniau, curé, Renaud, Martinot. »

il avait été emprisonné comme un simple aristocrate. Au fond, c'était un naïf et un présomptueux. En voyant tomber sous les coups de l'Assemblée nationale toutes les institutions du pays, il crut de bonne foi, comme le fait observer Taine, « que la société humaine ayant cessé, chaque groupe local avait le droit de la recommencer à sa guise et de pratiquer, sans en référer à personne, la constitution qu'il s'était donnée. » Et, sans autre bagage que quelques observations personnelles sur la condition des métayers et une immense confiance en lui-même, il se décerna le pouvoir absolu, afin que rien ne fit obstacle à l'accomplissement de ses desseins.

Si l'on veut juger sa conduite, il faut tenir compte des événements exceptionnels dont la succession rapide bouleversait toutes les notions reçues. Il y avait de quoi troubler des cerveaux mieux équilibrés. C'est l'excuse de Carion, comme celle de beaucoup de ses contemporains ; mais ce n'est pas une raison pour le disculper. Ce prêtre comprit fort mal l'application des préceptes évangéliques qu'il avait mission d'enseigner. S'il entrevit parfois, dans un rêve généreux, l'amélioration du sort des humbles et l'aplanissement des inégalités sociales, il méconnut constamment le principe de la fraternité en excitant ses administrés les uns contre les autres et en poursuivant de ses dangereuses rancunes ceux qui avaient le malheur de penser autrement que lui. Il ne se fit pas une idée plus nette du principe de liberté que la Révolution proclamait; il l'appliqua purement et simplement à son profit, comme si le nouveau régime n'avait supprimé tous les pouvoirs préexistants que pour les incarner en sa personne. Son essai de commune autonome dénote une activité tâtillonne et une soif immodérée d'autorité plutôt qu'un désir sincère et désintéressé d'utiles réformes; mais il caractérise assez bien l'état des esprits aux premiers jours de la Révolution; il exprime sous une forme concrète, en traits vivants, l'aveugle foi dans l'efficacité des constitutions, les chimériques espoirs de transformation soudaine, l'épidémie de folie législative qui sévissait alors, et, quelque modeste qu'en ait été le théâtre, peut-être méritait-il d'être tiré de l'oubli.

APPENDICES

I

Voici l'inventaire de la procédure criminelle, suivie contre Carion, tel qu'on peut le dresser sur le vu des pièces conservées aux Archives nationales.

1790. — *18 Mars.* — Dénonciation des sieurs Mollerat et Frapet, suivie du réquisitoire afin d'informer et de l'ordonnance du lieutenant criminel permettant l'information requise.

Idem. — Commission donnée au premier huissier du parquet à l'effet d'assigner les témoins.

22-28 Mars et 2 Avril. — Procès-verbal de l'information criminelle, dépositions de cinquante témoins.

27 Mars. — Réquisitoire du procureur du roi tendant à ce que Carion soit décrété de prise de corps.

5 Avril. — Jugement décrétant Carion d'ajournement personnel.

9 Avril. — Réquisitoire tendant à ce que le procureur Jovet, régisseur du revenu de l'évêque, soit tenu de déposer au greffe, comme pièce à conviction, la copie du procès-verbal de saisie-arrêt entre les mains du sieur Chanlon.

11 Avril. — Signification faite à Carion par Claude Bijon, premier huissier audiencier, du jugement rendu le 5 avril.

19 Avril. — Signification faite au procureur du roi, et à la requête de Carion, d'un extrait du procès-verbal de l'assemblée primaire du canton d'Issy-l'Évêque.

23 Avril. — Lettre de M. Siraudin, procureur du roi à Mâcon, à M. Guillemain du Pavillon, procureur du roi à Autun, pour l'informer que Carion a été suspendu de ses fonctions d'électeur.

25 Avril. — Lettre de M. Potignon de Montmégin, président de l'assemblée électorale, à M. Guillemain du Pavillon, relative au même objet.

Idem. — Requête de Carion et ordonnance portant qu'il sera interrogé le 26 avril.

26 Avril — Réquisitoire et ordonnance portant que les deux lettres ci-dessus seront jointes à la procédure.

26-29 Avril. — Interrogatoire de Carion.

29 Avril. — Réquisitoire et ordonnance portant que l'exemplaire du Règlement intitulé : *Formation du Comité et conseil d'administration des ville et commune d'Issy-l'Évêque*, et déposé par M. Mollerat chez M⁰ Gonon, notaire, sera remis au greffe pour être représenté à l'inculpé.

3 Mai. — Sommation de Carion au greffier d'avoir à lui délivrer sans frais copie des pièces de la procédure.

4 Mai. — Sommation responsive du greffier.

7-8 Mai. — Requête tendant au renvoi de la procédure devant le Châtelet, ordonnance conforme et signification à Carion.

13 Mai. — Réquisitoire et jugement renvoyant par-devant les juges qui doivent en connaitre la contestation élevée par Carion au sujet de la copie des pièces qu'il réclame.

20 Mai. — Expédition d'un acte de dépôt en l'étude de M⁰ Jean-Félipe Saclier, notaire : 1° d'un écrit contenant l'engagement par le sieur Frapet de démolir son mur; 2° de la délibération de la municipalité d'Issy-l'Évêque en date du 16 mai et de la signification qui en a été faite au sieur Frapet, avec la protestation de ce dernier.

25 Mai. — Inventaire des grosses de la procédure instruite contre Carion.

APPENDICES. 251

11 Juin. — Déclaration de M. de Flandre de Brunville, procureur du roi au Châtelet, portant qu'il a rendu plainte contre Carion au sujet de nouveaux faits de vexations et abus d'autorité.

Idem. — Réquisitoire du même tendant à une information par addition, et commission par le Châtelet de M. le conseiller de La Garde à l'effet d'informer.

15-16 Juin. — Requête de Carion à l'effet d'obtenir sans frais copie des pièces, et ordonnance conforme.

1-4 Juillet. — Assignations à témoins.

2-5 Juillet, 20-27 Juillet. — Procès-verbal de l'information par addition; réquisitoire tendant à ce que l'accusé soit décrété de prise de corps et jugement conforme.

1er Septembre. — Procès-verbal de lecture des pièces à l'accusé.

2-3 Septembre, 7 Septembre et 14 Octobre. — Interrogatoire de Carion; réquisitoire tendant à ce que les témoins soient récolés et confrontés; jugement conforme.

7 et 9 Septembre. — Requête à fin de mise en liberté et conclusions du procureur du roi.

13 et 14 Octobre. — Requête motivée à fin de mise en liberté; conclusions du procureur du roi et jugement de rejet.

II

Le *Journal du Soir*, n° 218, rend ainsi compte de la comparution des députés d'Issy-l'Évêque à la barre de l'Assemblée nationale.

Une députation Dici-L'évêque a succédé à celle des Quakers; l'orateur demande au nom des habitans de cette petite ville la liberté de son curé et maire, qu'un décret du ci-devant Châtelet retient dans les prisons depuis six mois; ces généreux citoyens, la plus part cultivateurs, sont venus à pied de 80 lieues pour délivrer leur pasteur; ils se rendent caution de sa personne et offrent de porter ses fers si c'est nécessaire.

Ils entrent dans les détails de cette affaire. En résumé, deux mauvais riches Dici-L'évêque, connus pour des accapareurs de bled, ont été troublés dans leur criminelle spéculation par le maire et la municipalité; ils avoient du crédit au Châtelet; ils ont dénoncé à ce tribunal le curé Dici-L'évêque, comme un criminel de lèse-nation, et en vertu d'un décret il a été traîné dans les prisons.

L'orateur vouloit plaider le fait et le droit. M. le président a observé que l'Assemblée avoit délégué le pouvoir judiciaire et n'étoit pas tribunal, et il a promis à la députation que dans le plus court délai il seroit fait droit sur sa réclamation.

Le compte rendu du *Patriote français*, n° 552, du vendredi 11 février 1791, p. 165, est plus sommaire :

... Une autre députation qui a suivi n'a pas moins intéressé; elle étoit composée de paysans d'Issy-l'Évêque qui viennent à pied de quatre-vingts lieues réclamer leur fameux curé Carion emprisonné au Châtelet. Leur adresse auroit fait un plus grand effet, si leur orateur avoit su être court.

Voici enfin le compte rendu de la *Gazette universelle ou Papier-nouvelles de tous les pays et de tous les jours*, 2ᵉ année, nº 43, du 12 février 1791, p. 171.

... On a ensuite introduit à la barre les députés de la municipalité d'Issy-l'Évêque. Ils venaient réclamer la liberté de leur maire et curé, le célèbre Carion, renfermé depuis six mois en vertu d'une sentence du Châtelet et comme prévenu du crime de lèse-nation. On se rappelle que ce citoyen fut accusé, il y a quelques mois, d'avoir voulu usurper les droits du législateur; mais il paroît, d'après les éloges que cette députation a fait du civisme, de la générosité et des vertus chrétiennes du pasteur, que ces bruits-là étoient autant de calomnies. L'orateur, les larmes aux yeux, prioit la diète auguste de leur rendre son pasteur, et il ajoutoit que toute la commune s'offroit à porter ses fers. Cette affaire a été renvoyée au comité des rapports.

L'attendrissement général n'avait pas gagné la *Chronique de France*, car cette feuille monarchique, nº XIX, p. 73, s'exprime ainsi :

... Une autre députation d'un village est venue demander au législateur la liberté de son curé et de son maire retenu dans les prisons en vertu d'un décret judiciaire. Voilà pourtant comme, en multipliant ces députations, les intrigans parviennent à annuller tous les pouvoirs en les reportant sur l'Assemblée législative. Le président, tout en promettant justice à la députation, a fait l'observation que le pouvoir judiciaire devoit remplir les fonctions qui lui étoient déléguées... Nous apprenons à la nation française qu'elle n'avoit pas deux cents représentans à cette séance.

III

Louis-Philippe a rapporté lui-même la part qu'il prit à la discussion de l'affaire Carion aux Jacobins. On trouve le récit suivant dans deux publications intitulées : 1° *Mémorial des pensées et actions du duc de Chartres, aujourd'hui Louis-Philippe I*er*, roi des Français, écrit par lui-même en 1790 et 1791*. Paris, Delaunay et Lecointe, 1830, in 8°; 2° *Un An de la vie de Louis-Philippe I*er* écrite par lui-même ou Journal authentique du duc de Chartres (1790-1791)*. Paris, Perrotin, 1831, in-8°.

10 mars (1791). — J'ai été aux Jacobins. D'abord, je suis resté un quart d'heure à la Société fraternelle, puis je suis monté. On ne voulait pas faire à l'Assemblée nationale le rapport du curé d'Issi-l'Évêque, disant qu'il y avait un décret judiciaire et que l'Assemblée ne pouvait pas l'annuler. Cependant M. Merle en fit le rapport à la Société et dit ensuite que, le 25, le tribunal d'Orléans serait en activité et s'occuperait de cette affaire. Après cela j'ai demandé la parole et j'ai dit :

Il y a un décret de l'Assemblée nationale qui porte que la haute Cour nationale ne pourra juger que ceux contre lesquels l'Assemblée nationale aura décrété qu'il y avait lieu à accusation; qu'ainsi il fallait rapporter l'affaire à l'Assemblée nationale, afin qu'elle décidât si les accusations faites contre le curé d'Issi-l'Évêque étaient de nature à être renvoyées au tribunal d'Orléans ou aux tribunaux ordinaires, et ensuite s'il y avait lieu à accusation.

M. Merle m'a répondu que cela n'était décrété que pour l'avenir et non pas pour les affaires déjà commencées. J'ai répondu alors qu'il paraissait que le tribunal d'Orléans avait un bien grand pouvoir, puisqu'il devait décider d'abord si les accusations étaient de sa compétence, ensuite s'il y avait lieu à accusation, si l'accusé était coupable et quelle peine il mérite; que c'était au corps législatif à décider d'abord s'il y avait lieu à accusation ou non. La Société a arrêté d'inviter M. Merle à engager le Comité des rapports à l'autoriser à en faire le rapport à l'Assemblée.

IV

Le *Point du jour*, t. XX, n° 216, p. 248, donne du discours de Robespierre une version qui diffère un peu de celle du *Journal logographique* :

M. ROBESPIERRE. Il est impossible que l'Assemblée décrète qu'elle ne délibérera pas sur une telle affaire; il est impossible que, par une semblable résolution, elle prolonge encore la captivité d'un malheureux détenu depuis sept mois. Depuis sept mois, le curé d'Issy-l'Évêque est décrété comme criminel de lèze-nation. Le titre même de cette accusation vous fait une loi de délibérer sur sa réclamation; car vous avez statué que les crimes de lèze-nation ne pouvoient être jugés que d'après un décret de l'Assemblée nationale qui déclareroit qu'il y a lieu à accusation.

Au fond, quel est le crime du curé d'Issy-l'Évêque ? On ne lui reproche rien qui approche de l'accusation de lèze-nation. On lui reproche quelques faits qui étoient de la compétence de la commune et de la municipalité dont il étoit membre. On lui en reproche d'autres qui étoient peut-être étrangers à la juridiction municipale et qui étoient plus analogues aux fonctions du législateur. Mais, outre que les faits ne lui sont pas personnels, quels sont ceux de la municipalité ou de la commune d'Issy-l'Évêque ? qu'ont-ils de commun avec ses attentats contre la liberté, contre la souveraineté du peuple auxquels s'applique la dénomination de crime de lèze-nation ?

Que dis-je ? Tout le monde convient que ces torts, quels qu'ils soient, ont leur source dans un zèle trop ardent peut-être, mais pur et généreux pour les droits du peuple et pour les intérêts de l'humanité. Ah ! s'il eût été un ennemi du peuple, il ne gémiroit pas depuis sept mois dans une prison..... Peut-être n'y seroit-il jamais entré..... Ne serions-nous donc inexorables que pour les infortunés, pour les amis de la patrie, accusés d'un excès d'enthousiasme pour la liberté ?..... Non, ce n'est point le moment d'accabler des citoyens sans appui..... lorsque tant de coupables jadis illustres ont été absous. Je demande que toutes les procédures faites contre le curé d'Issy-l'Évêque soient déclarées nulles et qu'il soit mis sur-le-champ en liberté.

V

Il peut être intéressant de comparer au compte rendu de la séance du 17 mars, tiré du *Journal logographique*, les versions de différents journaux. En voici plusieurs :

Le Patriote français

N° 658, du samedi 19 mars 1791, p. 292.

..... On fait ensuite le rapport de la fameuse affaire de ce curé d'Issy-l'Évêque qu'on avoit comparé à Mahomet, établissant dans son village, le sabre à la main, la déclaration des droits.

Il paroît que ce curé patriote est la victime des fourberies de deux mauvais citoyens de son village, qui ont eu le crédit, en dénaturant ses actes et ses discours, de le faire passer pour un contre-révolutionnaire. Il a été détenu à ce titre au Châtelet pendant huit mois. M. Merle, qui a fait le rapport de son affaire, étoit d'avis de le renvoyer au tribunal d'Orléans.

MM. Robespierre et Mirabeau ont soutenu qu'en examinant cette ridicule accusation, il n'y avoit pas le moindre fondement et qu'il étoit vexatoire de traîner de tribunaux en tribunaux un pauvre curé dans la conduite duquel il n'y avoit pas la moindre trace d'anti-révolutionnarisme ; et, sur leurs observations, il a été élargi, et son procès renvoyé devant les tribunaux ordinaires.

Le Spectateur national et le Modérateur

2ᵉ année, n° 109, samedi 19 mars, p. 469.

..... On s'est ensuite occupé du rapport de l'affaire du sieur Carrion, ce curé qui, placé en 1789, à la tête du comité permanent de la commune d'Issy-l'Évêque, s'est vu accusé d'avoir pendant plusieurs mois opprimé les personnes et violé les propriétés. Le bailliage d'Autun, auquel plusieurs propriétaires de l'endroit dénoncèrent les attentats, qu'ils attribuoient à ce particulier et qui s'en disoient victimes, prononça un décret d'ajournement personnel contre ce curé qu'il considéra comme un perturbateur du repos public. Le Châtelet, qui a été depuis investi de la connoissance de l'affaire, a trouvé les faits assez graves pour convertir l'ajournement personnel en un décret de prise de corps. Mais comme les faits qui ont provoqué la sévérité de ces tribunaux n'ont point paru être des délits aux regards de l'Assemblée nationale, elle a, en vertu de sa toute-puissance, anéanti les jugemens qu'ils ont rendu en ordonnant que le citoyen qui en étoit l'objet seroit incessamment remis en liberté. C'est sur la motion de MM. Robespierre, Barnave et de Mirabeau qu'elle s'est déterminée à exercer ce grand acte de souveraineté judiciaire.

Nous nous permettrons ici une seule observation. Lorsque M. de Mirabeau occupoit le fauteuil, quelques habitans d'Issy-l'Évêque vinrent à la barre solliciter l'élargissement de leur curé. En sa qualité de président, il leur répondit : que s'il étoit vrai que la détention de leur pasteur fût injuste, ce n'étoit pas à l'Assemblée nationale, mais aux tribunaux qu'il appartenoit d'y mettre un terme. Il nous semble que ce n'est pas au sein du corps législatif qu'on devroit varier sur les principes et sur les formes.

Journal des Débats et des Décrets

N° 651. Séance du jeudi 17 mars 1791, à six heures du soir.

M. Merlo a fait, au nom du comité des rapports, un rapport sur l'affaire du curé d'Issy-l'Évêque. L'Assemblée avoit déjà prononcé le renvoi de cette affaire aux tribunaux ; mais une députation des habitans d'Issy-l'Évêque étant venue à la Barre conjurer l'Assemblée de prendre connoissance de la longue et injuste détention de ce curé, le comité des rapports s'est de nouveau occupé de cette affaire.

L'occasion de la détention du curé d'Issy-l'Évêque est un règlement de police qu'il a fait étant maire de ce village. Ce règlement de police, a dit M. le rapporteur, contient des articles fort sages, d'autres qui sont évidemment au delà des fonctions municipales. Plusieurs particuliers se sont plaints que ce règlement portoit atteinte à leurs propriétés. Cette contestation étant portée devant le bailliage d'Autun, le procureur du roi l'a présentée comme étant de la compétence du Châtelet, chargé par l'Assemblée nationale de juger provisoirement les crimes de lèse-nation. Le Châtelet s'est emparé de cette affaire qui lui avoit été renvoyée, et a prononcé contre ce curé un décret d'ajournement personnel.

Le Châtelet, ayant appris que le curé d'Issy-l'Évêque continuoit d'exercer les fonctions curiales, a converti le décret d'ajournement personnel en un décret de prise de corps qui a été exécuté. Ce curé est détenu depuis sept mois, le Châtelet s'étant constamment refusé à décider cette affaire.

Le comité des rapports a été vivement frappé de l'injustice et de la longueur de cette détention. Il n'a pas douté que cet ecclésiastique n'eût droit à une réparation, à une indemnité ; mais il a pensé que c'étoit aux tribunaux à la prononcer, et il a persisté à penser, mais avec regret, que l'Assemblée ne pouvoit prendre connoissance de cette affaire et qu'il n'y avoit pas lieu à délibérer sur la pétition du curé d'Issy-l'Évêque.

M. Robespierre est monté à la tribune ; il a dit qu'il n'invoqueroit point l'humanité de l'Assemblée, quoique peu d'accusés y eussent plus de droits que le curé d'Issy-l'Évêque ; mais qu'il réclameroit la plus rigoureuse justice de l'Assemblée et l'exécution littérale d'un de ses décrets. Elle a voulu très sagement que les tribunaux ne pussent prononcer sur aucun crime de lèse-nation, sans qu'elle-même en eût ordonné le renvoi aux tribunaux. Quel est ici le motif et le prétexte de la détention du curé d'Issy-l'Évêque ? Ce prétexte (on frémit de le dire, tant cette injustice est révoltante!) ce prétexte est un crime de lèse-nation, et ce crime est un règlement de police qui renferme des dispositions sages, mais qui n'appartiennent pas aux fonctions municipales.

On propose à l'Assemblée de déclarer son incompétence pour juger de cette affaire ; mais si l'Assemblée la prononce au mépris de son propre décret, ne pourra-t-on pas se plaindre qu'elle est sans pitié pour un accusé qui n'est point environné de protecteurs puissans? *(Ces paroles ont excité beaucoup de murmures.)*

M. Mirabeau s'est étonné que l'on vit une difficulté si effrayante dans une affaire qui offre peut-être quelque embarras de forme, mais dont le fond est bien favorable ; il a pensé que l'Assemblée pouvoit et devoit ordonner l'élargissement de ce curé et le renvoi de son affaire aux tribunaux.

M. Barnave a parlé pour appuyer cet avis.

L'Assemblée est allée aux voix sur la motion de M. Mirabeau ; elle a été adoptée.

« L'Assemblée nationale décrète que le sieur Carion, curé et maire d'Issy-l'Évêque, sera élargi des prisons où il est détenu, et renvoyé aux tribunaux ordinaires pour y être jugé. »

Courrier des Français

N° 18. Du vendredi 18 mars 1791, p. 129.

M. Merle a fait le rapport de l'affaire du curé d'Issy-l'Évêque. Déjà nous avons mis les faits de cette affaire sous les yeux de nos lecteurs. Ils se rappellent que cet ecclésiastique, tout à la fois maire et curé de sa paroisse, est une des victimes que le Châtelet a voulu immoler à sa haine contre les amis et les défenseurs de notre révolution.

On se rappelle encore qu'une députation de ses paroissiens, la plupart cultivateurs, s'étoit rendue à pied auprès de l'Assemblée nationale pour solliciter la liberté de leur pasteur. Ils offroient de porter ses fers dans le cas où l'Assemblée croiroit devoir prolonger sa détention.

M. le rapporteur a pensé que, quelle que fût l'innocence de M. le curé d'Issy-l'Évêque, il n'appartenoit pas à l'Assemblée de prononcer sa liberté provisoire. Elle a délégué le pouvoir judiciaire : c'est aux tribunaux à juger. M. Merle, au nom du comité des rapports, a conclu à ce que l'Assemblée décrétât qu'il n'y avoit lieu à délibérer.

M. Roberstpierre a soutenu que l'Assemblée, qui s'étoit réservé le droit de dénoncer les crimes de lèse-nation, devoit, au lieu de décréter qu'il n'y avoit lieu à délibérer, examiner s'il y avoit ou non lieu à accusation.

Le cul-de-sac[1] l'interrompoit.

— Eh ! Messieurs, a repris l'orateur, je parle pour un bon curé de village, dont je ne connois que l'innocence ; je demande sa liberté, et vous refusez de m'entendre. Vous avez plaidé pour d'illustres coupables, et je ne vous ai pas interrompu...

— Nommez ces coupables.

— Croyez-vous m'intimider ? Oui, je vous nomme M. l'abbé de Barmont.

Ici M. Roberstpierre a été couvert d'applaudissements.

M. Mirabeau a fait valoir, mais plus éloquemment, le principe dont s'étoit prévalu M. Roberstpierre. Il a demandé et l'Assemblée a décrété que le curé d'Issy-l'Évêque seroit mis en liberté et a renvoyé la procédure faite par-devant le ci-devant bailliage d'Autun devant les tribunaux ordinaires pour y être fait droit.

1. La droite.

ANNALES PATRIOTIQUES ET LITTÉRAIRES DE LA FRANCE ET AFFAIRES POLITIQUES DE L'EUROPE, *Journal libre, par une Société d'Écrivains patriotes, dirigé par M. Mercier et par M. Carra, un des auteurs.* [1]

N° DXXXIII. Du samedi 19 mars 1791, p. 1187.

On se rappelle l'affaire du curé d'Issy-l'Évêque prévenu du crime de lèze-nation pour avoir fait dans sa paroisse un règlement contraire aux principes de la Constitution. Décrété d'ajournement personnel par le ci-devant bailliage d'Autun, il a été envoyé au ci-devant Châtelet de Paris, qui l'a décrété de prise de corps, et depuis six mois il gémit au fond des prisons. MM. Robertspierre et Mirabeau ont plaidé la cause de cet ecclésiastique, coupable sans doute, mais plus par ignorance que par malice; et quoique le comité des rapports eût estimé qu'il n'y avoit lieu à délibérer sur la demande afin de liberté, l'Assemblée a ordonné son élargissement provisoire et renvoyé son procès devant les juges naturels.

VI

Dans son *Histoire de Robespierre*, M. Ernest Hamel ne se borne pas à découvrir dans son héros « un caractère doux..., une âme facile et aimante..., une soif inextinguible de justice » : toutes choses

---

1. Jean-Louis Carra, né le 11 mars 1712 à Pont-de-Veyle (Ain), devint, avec Mercier, le principal rédacteur des *Annales patriotiques*. Il prit une part active à l'insurrection du 10 août. Élu le 6 septembre 1792 député à la Convention par six départements, il opta pour celui de Saône-et-Loire. Ses relations avec les Girondins le rendirent suspect à la Montagne. Il fut condamné à mort et exécuté avec eux le 31 octobre 1793.

dont personne ne s'était aperçu avant lui. Il félicite, en outre, ce « juste, » ce « martyr de l'humanité, » d'avoir pris la défense du « digne pasteur, » de « l'humble prêtre, vrai père de sa commune, » du « curé patriote dont le nom mérite d'être conservé par l'histoire. » Robespierre, dit-il, « inclinait à la douceur plutôt qu'à la violence envers les membres du clergé; avant tout, il conseillait l'emploi de la persuasion. Combien ne devait-il pas se sentir disposé à accorder l'appui de sa parole influente aux simples prêtres, aux pauvres curés de campagne que leur amour pour la République exposait aux rancunes, aux persécutions d'un parti resté puissant! Parmi les membres du clergé inférieur qui virent dans la Révolution française comme l'accomplissement des paroles de Jésus, comme la réalisation de ses rêves, aucun ne montra plus d'enthousiasme, plus de zèle pour les nouveaux principes que le curé d'Issy-l'Évêque, petite commune des environs d'Autun... » A en croire M. Hamel, qui paraît peu renseigné sur l'affaire, Carion fut une « victime des passions locales, » dont le député Fricaud se fit l'interprète; les magistrats d'Autun « mirent leur ministère au service des rancunes contre-révolutionnaires » et « l'odieux tribunal du Châtelet » compléta leur œuvre inique (t. I, p. 385).

VII

Lettre de Boisset à la Convention, lue à la séance du 10 brumaire an III :

Boisset, représentant du peuple envoyé dans les départements de l'Ain et de Saône-et-Loire, à la Convention nationale.

Citoyens collègues, les maux qui affligeaient le département de Saône-et-Loire n'étaient point sortis d'une source impure et friponne, mais bien de l'amour de dominer qui fait naître la tyrannie et les divisions. J'étais instruit par des rapports certains que le district d'Autun, livré à d'affreux déchirements, mettait le peuple dans la cruelle alternative de ne savoir où l'amour de la patrie existait. Il fallait avant épurer dans ma course rapide les autorités constituées qui se trouvaient sur mon passage ; je l'ai fait, et de Chalon je me suis transporté à Autun.

Le lendemain de mon arrivée, je me suis rendu à la Société populaire ; j'ai fait un discours énergique où j'ai peint les projets de nos ennemis et les crimes des désorganisateurs. J'ai invité le peuple à sortir de sa stupeur, à parler, à dénoncer les abus. Au lieu du peuple, qu'ai-je vu ? quelques hommes naguère soldés par la terreur, des commis, des autorités constituées, des fonctionnaires publics, se déchirer, vomir l'un contre l'autre des imprécations ; une arène de gladiateurs se former ; les actions louables dans les premiers jours de l'aurore de la liberté étaient reprochées en ce moment à des magistrats comme des crimes.

Au milieu de ces tumultueux débats, citoyens collègues, la patrie était oubliée ; les haines allumées au flambeau de la discorde s'alimentaient du feu des passions; on eût dit que l'âme de Robespierre planait sur la Société populaire et aigrissait toutes les âmes. Deux partis étaient formés; l'exaspération était à son comble; l'acharnement n'avait plus de frein; le peuple seul, témoin des agitations, était calme, et il était méconnu! Tout à coup un trait de lumière vient m'éclairer, et, animé de votre esprit, devant une nombreuse réunion de citoyens, je suspendis la Société populaire et annonçai que j'allais former un noyau épurateur. Semblable à l'adresse sublime que vous décrétâtes le 18 vendémiaire et qui porta la joie dans tous les cœurs des républicains, cet acte de vigueur attira les nombreux applaudissements du peuple et des sociétaires. Le lendemain, j'organisai les autorités constituées; j'étouffai les partis en prenant, pour composer le noyau épurateur de la Société, des républicains étrangers à toutes les divisons. Citoyens collègues, il est bien satisfaisant pour mon cœur de pouvoir vous dire qu'à la tristesse du terrorisme a succédé la joie et la sérénité; que le seul amour de la Convention nationale anime les cœurs des habitants d'Autun, et qu'ils sont les dignes enfants de la République.

Je vais terminer mes opérations, avant de me rendre dans l'Allier, sur les autorités constituées de Saône-et-Loire; croyez que je hâterai tout pour vous prouver que je suis à la Convention à la vie et à la mort.

Signé : BOISSET.

TABLE DES MATIÈRES

PREMIÈRE PARTIE

CHAPITRE Ier

Essai de commune autonome.

Pages.

I. — Jean-François Carion, curé d'Issy-l'Évêque. — Sa lettre au roi. — Rédaction du cahier des doléances. — Divisions dans la paroisse. — Carion candidat à la députation.................................... 1

II. — Assemblée paroissiale du 6 octobre 1789. — Formation d'un comité et règlement d'administration.......... 11

CHAPITRE II

Application du règlement d'administration.

I. — Carion dictateur. — Création d'une milice nationale. — Entraves à la circulation des grains. — Arrestations et confiscations arbitraires......................... 36

II. — Atteintes au droit de propriété. — Perception d'octrois. — Réductions de baux et saisies-arrêts. — Prédications démagogiques. — Carion élu maire............ 48

CHAPITRE III

Information criminelle au bailliage d'Autun.

Pages.

I. — Dénonciation de MM. Mollerat et Frapet. — Procédure criminelle 57

II. — Décret d'ajournement personnel. — Assemblée primaire du 15 avril 1790. — Carion exclu de l'assemblée électorale. — Son interrogatoire. — Accusation de lèse-nation 65

CHAPITRE IV

Prise de corps.

I. — Compétence du Châtelet de Paris. — Nouveaux actes de violence, démolition du mur de M. Frapet. — Émeutes en Nivernais et en Bourbonnais. — Fricaud dénonce à l'Assemblée nationale les actes de Carion 78

II. — Information par addition. — Carion est arrêté et transféré à Paris. — Le grand Châtelet. — Prisons et prisonniers 87

DEUXIÈME PARTIE

CHAPITRE I

Le Châtelet de Paris.

I. — La juridiction du Châtelet. — Attaques de Marat. — Adresse des districts. — Boucher d'Argis. — Interrogatoire de Carion.. 97

II. — Appréciations de la presse. — Panis choisi pour défenseur. — Demande de mise en liberté.............. 106

CHAPITRE II

Adresses, requêtes et mémoires.

Pages.

I. — Suppression du Châtelet. — Adresses de Carion à l'Assemblée nationale et au comité des recherches.. 113

II. — Supplique de la municipalité d'Issy-l'Évêque à M. de Talleyrand-Périgord. — Mémoire de MM. Mollerat et Frapet.. 125

CHAPITRE III

La députation d'Issy-l'Évêque.

I. — Les Amis de la Constitution. — Leur correspondance avec la Société d'Autun. — Délibération de la municipalité d'Issy-l'Évêque et envoi de députés......... 137

II. — Lettre des Amis de la Constitution d'Autun. — Comparution des députés aux Jacobins..................... 145

III. — L'Assemblée nationale au Manège. — Elle admet à sa barre les députés d'Issy-l'Évêque. — Leur discours. — Réponse de Mirabeau. — Arrivée de M. Serpillon à Paris... 151

CHAPITRE IV

Aux Jacobins.

I. — Création du tribunal provisoire d'Orléans. — Saint-Félix et le garde des sceaux. — Le couvent des Jacobins... 160

II. — Délibération des Jacobins. — Merle. — Panis. — Le duc de Chartres.. 166

TABLE DES MATIÈRES.

CHAPITRE V

A l'Assemblée nationale.

Pages.

I. — Délibération sur l'affaire Carion. — Rapport de Merle. — Robespierre. — Mirabeau. — Barnave. — Décret de mise en liberté.................................... 176

II. — Visite de Carion aux Jacobins. — Son discours....... 186

TROISIÈME PARTIE

CHAPITRE I

Nouvelle arrestation.

I. — Carion actionne ses dénonciateurs en dommages-intérêts. — Sa pétition à l'Assemblée législative. — Nouveaux abus d'autorité. — Les officiers municipaux d'Issy-l'Évêque sont suspendus et arrêtés. — Leur élargissement par décret.................... 189

II. — Délibération du conseil général. — Adresse de Carion au Comité de sûreté générale. — Javogues en mission. — Il révoque et fait arrêter les administrateurs du district de Bellevue-les-Bains............. 199

CHAPITRE II

Avant et après le 9 thermidor.

I. — Abjuration de Carion. — Il est désigné pour l'apostolat révolutionnaire. — Adresses des Sociétés populaires. — Désordres à Issy-la-Montagne. — Colas accusé de contre-révolution. — Il est envoyé au tribunal révolutionnaire.................................... 207

II. — Après le 9 thermidor. — Claude Royer et la circulaire des Jacobins. — Lettre de la Société populaire d'Issy-la-Montagne.................................... 219

CHAPITRE III

La queue de Robespierre.

		Pages
I.	— Lecture aux Jacobins de la lettre d'Issy-la-Montagne. — Dufourny. — Caraffe. — La lettre est publiée et affichée. — Fermeture du club. — Boisset à Autun..	228
II.	— Colas et ses complices devant le tribunal révolutionnaire. — Deliège. — Duchâteau. — Acquittement des accusés. — Carion désarmé. — Son départ pour Paris. — Épilogue..	236

APPENDICES

I.	— Inventaire des pièces de la procédure................	248
II.	— *Journal du soir; Patriote français; Gazette universelle; Chronique de Paris* : comptes rendus de la séance du 10 février 1791...	252
III.	— Extrait du *Journal du duc de Chartres*................	254
IV.	— *Le Point du jour* : discours de Robespierre...........	255
V.	— *Le Patriote français; le Spectateur national et le Modérateur; Journal des Débats et des Décrets; Courrier des Français; Annales patriotiques et littéraires* : comptes rendus de la séance du 17 mars 1791......	257
VI.	— Extrait de l'*Histoire de Robespierre*, par M. Ernest Hamel...	262
VII.	— Lettre de Boisset à la Convention....................	264

FIN

Autun. — Imp. Dejussieu.

www.ingramcontent.com/pod-product-compliance
Lightning Source LLC
Chambersburg PA
CBHW050657170426
43200CB00008B/1333